이토록 신나는
혁신이라니

이토록 신나는 혁신이라니

꼼파니아가 기업이다

김기찬·배종태·임일
성명기·임병훈·박란
김병구·김희태

공저

Innovation

신나는 혁신은 꿈을 세우고 이를 공유하는 것

더메이커

황철주 한국청년기업가정신재단 이사장

잘하고 못하고의 기준은 명확히 할 수 있겠으나, 성공 기준을 명확히 하는 것은 쉽지 않은 일이다. 성공 기준은 시대와 환경과 사람에 따라 다를 수 있기 때문이다. 그래도 우리는 성공을 위해서 살아가고 있다.

지금은 새로운 지식과 기술과 정보가 빛의 속도로 세계 모든 사람에게 공유되는 시대이다. 지식과 기술과 사람은 영원한 미완성이다. 많이 알고, 스펙이 좋은 사람들이 성공하던 시대는 지나갔고, 사람들과 연결하고 소통하면서 문제를 해결해나가는 사람들이 성공하는 시대가 되었다.

한강의 기적을 만든 헝그리 정신은 사라진 지 오래다. 지금은 사람중심 기업가정신이 5만 달러 시대를 열고, 행복한 대한민국을 만들 수 있는 가장 중요한 동력인 시대이다.

이 책은 4차 산업혁명 시대에 혁신하고, 성공하고, 행복해질 수 있는 방법에 대해 많이 고민하고, 연구하고 실천하고 있는 분들이 함께 기준을 정리했다고 생각한다.

성공하는 미래를 생각하는 모든 사람들에게 북두칠성과 같은 역할을 할 수 있을 것이라고 생각한다.

문국현 한국 드러커 소사이어티 명예이사장

지난 10년, 제4차 산업혁명의 신기술들이 세상을 크게 바꾸어 놓았다. 스마트폰에 밀려, 재래식 폰이 사라졌고, 스마트팩토리에 밀려, 재래식 공장지대가 러스트벨트(Rust Belt)화되고 있다. 이제, 재래식 차량, 재래식 대학, 재래식 도시와 재래식 국가가 빠른 속도로 도태하고 있다.

나, 우리 직원, 우리 회사, 우리나라는 어디에 서 있는가?

현대 경영학의 아버지이자 혁신과 기업가정신의 대명사인 피터 드러커 박사는 "급변하는 지식경제 하에서, 개인이나 기업이나 조직이 살아남을 수 있는 유일한 길은 신속히 학습하는 역량을 갖추는 것이다"라고 했다.

스티븐 코비 박사는《성공하는 사람들의 7가지 습관》에서 개인이나 조직의 승리를 위해 가장 중요한 습관은 '평생학습 습관'이라고 했다.

또, 100년 이상 자기 업종의 챔피언 자리를 유지하고 있는 독일, 스위스 등의 '초일류 장수기업(Hidden Champions)'들의 4대 성공 유전자가 '고객중심, 가치공유, 평생학습, 지속적 혁신'임은 잘 알려진 사실이다. 이들 기업이 제4차 산업혁명을 선도하고 있다는 사실은, 우리를 참으로 부끄럽게 하고 겸손하게 만든다.

겸손하면 배울 수 있다.

겸손한 경영자, 겸손한 기업들의 학습 공동체 '꼼파니아 학교'가 우리 사회에 희망과 신뢰와 존경의 원천인 '사람중심 지속적 혁신과 기업가정신'을 실천하고 전파하는 모태가 될 것을 믿는다. 우리나라의 보다 많은 경영자와 기업이 《이토록 신나는 혁신이라니》를 통해, 하루 빨리 초일류 장수기업의 길로 들어서기를 축원한다.

──
주영섭 고려대학교 석좌교수, 전 중소기업청장

최근 우리나라 기업을 둘러싼 국내외 경영 환경이 어려워지고 있다. 대외적으로는, 뉴노멀 시대의 저성장에 미중 무역전쟁 등 자국 우선의 보호무역주의가 가세해 대외의존도가 높은 우리 경제를 압박하고 있고, 기술혁신과 시장변화가 촉발한 4차 산업혁명이 세계 산업 판도를 바꾸는 변곡점에 우리 경제가 놓여 있다. 대내적으로는, 우리 경제의 성공 전략이었던 빠른 추격자(Fast Follower) 전략의 성공을 잇는 혁신이 미흡했고, 이에 따라 기술, 생산성, 가격 경쟁력이 부진을 면치 못하고 있다.

이러한 중차대한 시기에 《이토록 신나는 혁신이라니》는 문제의 해법은 결국 사람에게 있고, 사람중심 기업, 사람중심 기업가정신이 우리 경제를 재도약시킬 첨경임을 말해 주고 있다. 즉, 기업가가 꿈과 비전을 제시하고 끊임없는 의사소통으로 직원의 공감을 이끌어내면, 직원은 혼신을 다해 그 꿈과 비전을 달성하기 위해 노력하여 성과를 만들고, 기업가는 그 성과를 직원과 공유하는 선순환의 사람중심 기업, 사람중심 기업가정신을 구현하자는 생생한 사례 중심의 책이다. 모든 기업인께 일독을 추천 드린다.

특히, 4차 산업혁명 시대에는 기술 혁신과 시장 변화의 속도가 과거와는 비교할 수 없을 만큼 빠르기 때문에 기업의 경쟁력은 '속도 및 유연성'에 있게 되어 직원 개개인의 사람중심 기업가정신이 기업 경쟁력을 좌우할 것이다. 이를 위해서는 기업가는 직원을 비용이 아니라 자산이자 투자라 여겨야 한다. 또 지시와 복종의 수직적 주종 관계에서 공유와 협력의 수평적 파트너 관계로의 기업문화 혁신이 필요하다. 4차 산업혁명에 대응하는 기업문화 혁신에 있어서도 사람중심 기업가정신, 꿈과 공감의 꼼파니아 정신이 중심이다.

꼼파니아 학교 이야기가 많은 우리 기업인들에게 소개되고 공감대를 만들어 가고 있다. 이러한 공감대 확산을 가속하여 전환기의 대한민국 기업들이 사람중심 기업가정신, 즉 꿈과 공감의 꼼파니아 정신이 충만한 사람중심 기업으로 혁신해 나갈 수 있다면 대한민국 경제에 새로운 희망찬 미래가 열릴 것이라 믿는다.

임홍재 아셈노인인권정책센터 원장, 전)베트남 대사,
전)유엔글로벌콤팩트 사무총장

이 책은 기업의 사회적 책임이라는 전문 주제를 예리하게 분석하고, 설득력 있게 설명하여 이내 독자들의 관심과 이해를 이끌어내고 있다. 심한 경쟁과 예측불가 상황에서도 기업의 지속가능 생존과 번영의 비결은 사람을 중심에 두는 경영이라는 메시지는 그 어느 때보다도 우리에게 시기적절한 조언으로 들린다. 우리 시대의 혁신을 선도하는 멋진 사람들의 모임인 꼼파니아가 펴내는 이 책을 기업인들에게 필독서로 추천하고 싶다.

김병화 김앤장 변호사, 전)대한변협법률구조재단 이사장

꼼파니아 학교 1,2기 과정에서의 재능기부 강의와 열띤 토론으로 이루어진 수업을 이 책에 담았다. 꼼파니아 학교는 다양한 분야의 사람들이 모여 '사람중심 경영'을 공부하는 소박하지만 멋진 도장이다. 사람중심 경영의 핵심 내용인 '꿈, 공감, 혁신'은 21세기 한국 기업의 성공 조건이자 우리 모두의 발전 전략이 될 것이다.

신달석 한국자동차산업협동조합 이사장

기업에게 혁신은 언제나 화두이다. 그래서인지 해마다 기업의 혁신을 다루는 책이 수없이 쏟아지고 있다. 그런데 혁신을 다루는 책은 많아도, 혁신의 주체인 사람을 다루는 책은 흔치 않다. 이 책은 사람이 왜 중요한지, 어떻게 하면 직원이 능동적으로 혁신에 참여하는지, 그리고 어떻게 하면 혁신이 지속해서 일어나는지 등에 대해 말하고 있다. 혁신의 주체인 사람을 배제하고 혁신을 논하는 것은 말이 안 된다. 사람 속에서 혁신의 길을 찾고자 하는 이들에게 일독을 권하는 바이다.

헤르마왕 카타자야 《필립 코틀러 마케팅 4.0》의 공저자, 꼼파니아 학교 자문교수

꿈과 공감, 이것은 사람중심 기업가정신을 실천하는 두 가지의 핵심 정신이다. 이 두 가지가 4차 산업혁명의 시대, 마케팅 4.0의 시기에 초우량 기업을 만들어내는 혁신의 원천이 될 것이다.

아이만 엘 타라비시 조지워싱턴대 교수, 세계중소기업학회 사무총장,
꼼파니아 학교 자문교수

사람중심 기업가정신은 UN 중소기업의 날 제정에서 가장 핵심적인 콘
텐츠이다. 중소기업을 혁신시키고, 질 좋은 일자리를 만들어내는 원천
이다. 혁신하고 싶은 기업, 좋은 일자리를 만들고 싶은 기업가들에게 적
극 추천한다.

매티어스 홀웹 옥스퍼드대 사이드 경영대학원 교수, 꼼파니아 학교 자문교수

4차 산업혁명에서 기술이 아무리 급속히 발전하더라도, 창조와 도전의
기업가정신은 사람의 마음과 열정 속에서 자란다.

잭 야오 중국국제무역촉진위원회 사무부총장, 꼼파니아 학교 자문교수

사람중심 기업가정신은 지속가능한 혁신기업을 만든다. 기업은 큰 꿈을
가져야 한다. 그리고 이 꿈을 직원들과 공유해야 한다. 이런 기업일수록
직원들이 열정적으로 혁신에 참여한다. 중국에서도 사람중심 기업가정
신을 실천하고 기업을 확산하고자 한다.

응우옌 비엣코이 하노이베트남국립대 부학장, 꼼파니아 학교 자문교수

직원의 성장과 기업의 성장을 만들어내는 사람중심 기업들이 만들어내는 혁신 성과를 주목하고 있다. 사람중심 기업가정신과 그 성공사례를 베트남에서도 공유하고 적용해보고자 한다.

한국형 혁신기업의 조건:
꿈이 있는 기업, 공감하는 기업

현재의 위기, 위협인가? 기회인가?

오늘날 한국경제는 위기에 처했다는 말을 많이 한다. 되돌아 보면
한국경제는 위기가 아닌 적이 없었던 것 같다. 경제가 호황이든 불
황이든 상관없이, 우리는 늘 어떤 이유로 위기를 말해 왔다.

그런데 우리는 왜 '위기'라고 생각하는 것일까?

그것은 한계를 느끼기 때문이다. 높은 수준의 목표를 설정하고
달려가다 보면, 어느 순간 한계를 느끼게 되고 이로 인해 위기의식
이 생긴다. 이것이 바로 높은 꿈을 가진 기업가가 위기의식을 많이
느끼는 이유이다.

이렇게 보면 위기의식이 나쁜 것만은 아니라고 할 수 있다. 높은

꿈을 가진 기업가는 그 속에서 비즈니스 기회를 포착하기 때문이다. 다시 말해, 관리자는 위기를 위협(threat)으로 느끼고, 기업가는 위기를 기회(opportunity)로 여긴다. 이를 좀 더 구체적으로 살펴보면 다음과 같다.

위기 상황 1

어제보다 상황이 나빠졌을 때 이것을 위기라 한다. 이것은 관리자가 가장 절실히 느끼는 상황이다. 관리자는 현재에 안주하는 경향이 강하기 때문이다. 관리자가 늘 불평이 많은 이유이기도 하다.

위기 상황 2

더 나은 미래를 위해 어제보다 더 높은 수준의 꿈을 목표로 잡았을 때 위기를 느낀다. 이것은 주로 기업가가 느끼는 위기의식이다. 이것은 기업가정신이 만들어낸 긍정적 위기이다. 또한, 기업가가 늘 혁신을 추구하는 이유이기도 하다. 고려대 김인수 교수는 한국 기업의 성장에는 이러한 위기의식이 있었고, 이것이 진화의 큰 힘이 되었다고 설명한다. 한마디로, 기업가정신이 위기상황을 만들고(crisis construction) 이에 대응하기 위해 혁신과 학습은 더욱 가속화된다.

회사나 오너에게 긍지를 느끼는가?

당신의 조직을 생각하면 가슴이 뛰는가? 직원의 가슴을 뛰게 만드는 미션과 비전 제시, 이것이 지도자가 직원을 이끄는 원동력이다.

꿈을 나누고 소통하는 지도자가 있는 조직에서는 혁신이 지도자가 아닌 직원에게서 이루어진다. 꿈이 있는 조직, 직원의 가슴을 뛰게 만드는 조직, 이것이 혁신성공 기업의 조건이다. 따라서 지도자는 위대한 꿈을 만들고, 그 꿈에 직원이 긍지를 느끼도록 소통해야한다. 이를 한마디로 줄이면 '공감'이다.

세계 각국의 지도자들은 역사의 전환기마다 국민들에게 프런티어 정신을 강조했다. 이것이 국가와 조직에 활기를 불어넣어 주기 때문이었다. 미국의 케네디 대통령은 국가의 지적 자원을 조직적으로 활용하기 위해 뉴프런티어 정신을 고안해냈다. 이것이 정부에는 활기를, 국민에게는 나라를 존경하는 마음을 심어주었다. 일본의 많은 혁신성장 기업들은 본사가 동경이 아니라 교토에 있다. 교토에 기반을 둔 기업들이 혁신을 통해 성장하는 힘, 이것을 교토식 경영이라고 부르고 있다.

꿈이 있는 기업! 공감하는 기업!

꿈과 공감은 정신을 만들고 문화를 만들고 철학을 만든다.

꿈과 공감이 있어야 직원으로부터 진정한 혁신이 시작된다.

꿈과 능력

목적지를 정하지 않고 자동차를 운전하면 어떻게 될까? 기업에 있어 목적지는 꿈과 미션이고, 기업은 꿈과 미션을 실현하게 하는 자동차와 같다. 따라서 꿈이 없는 기업은 목적지를 정하지 않고 운전하는 것과 같다. 필자가 피터 드러커(Peter Drucker)의 경영이론을 중시하는 이유는 대다수의 경영자가 간과하는 기업 존재의 이유, 즉 미션(mission)에서 성공의 길을 찾고 있기 때문이다.

그런데 꿈만 있고 그것을 실천할 사람이 없다면 어떻게 될까? 이는 목적지는 정했으나 자동차가 고장 난 것과 같다. 자동차가 목적지에 무사히 도착하려면, 즉 기업이 목적을 달성하려면 직원의 실력, 창의력, 열정이 필요하다.

기업은 미션과 미션 달성의 사이에 있는 효율적 제도이다. 이 제도가 잘 작동할수록 기업은 혁신이 일어나고 잘 성장한다.

우리가 경계해야 할 사람은 '꿈이 없는 전문가', '꿈만 이야기하는 몽상가'이다. 전자는 햄릿처럼 비극의 주인공이 되고, 후자는 돈키호테처럼 웃음거리가 된다.

여러분의 조직은 어떠한가?

한국 기업에서 관리자형 경영자(the administrative manager)가 승진하고, 기업가형 경영자(the entrepreneurial manager)는 줄어들고 있다. 이른바 '조직의 관료화 현상'이 심각해지고 있다. 기업가형 경영자란 미래에 큰 꿈을 그리고, 이러한 꿈에 도전하는 사람을 말한다. 기업가들을 만나 보면, 대부분 현재의 어려움에 매몰되어 미래의 큰 꿈을 그리지 못하는 경우가 많다. 그래서인지 위험에 도전하기보다는 위험을 관리하는 데 골몰한다. 또한, 기업가가 호랑이를 그리려고 해도 조직의 관료화로 인해 고양이 그림이 되고 만다.

한국 기업에서 기업가형 혁신자는 도태되고, 위험관리가 전문인 관리자가 승승장구하고 있다. 다시 말해 NIMT(Not in My Term) 신드롬에 빠져 있다. 내 임기 동안은 현재의 성과를 얻고 미래 투자나 미래 위험에는 도전하지 않는 현상이다. 이런 관리자들은 미래의 기회 포착보다 현재의 이익을 추구한다. 이러면 현재의 위험은 줄어들지 몰라도 그만큼 미래의 도전 기회는 사라지고 만다.

그러면 어떻게 해야 할 것인가?

조직 내에 큰 꿈을 꾸고 혁신을 무서워하지 않는 기업가형 인재를 심고, 키워야 한다. 여러분의 조직에는 이런 기업가형 구성원이 몇 % 있는가? 일반적으로 11% 정도에 불과하다. 이들은 회사에서 미래를 그리고 혁신을 지향한다. 반면 24%의 직원은 회사에 와서 불평만 이 야기한다. 즉, 불평자의 목소리가 혁신자의 목소리보다 훨씬 크다.

그러면 누가 혁신의 키를 쥐고 변화를 주도할 것인가? 안타깝게 도 한국 기업은 혁신자를 비난하는 '혁신자 신드롬'에 걸려 있다. 혁 신자가 항상 후임자에게 비판받다 보니 이제는 복지부동하는 '배임 신드롬'으로까지 발전하고 있다. 이런 풍토 때문에 앞서 말한 조직 의 관료화 현상이 점점 심해지고 있는 것이다.

대안은 여러분의 조직에 '사내기업가(EIR: Entrepreneur-In-Residence)' 를 투입하고 양성하는 것이다. 이 사내기업가들이 조직에서 혁신을 주도하도록 해야 한다. 한 사람의 EIR이 조직 전체를 바꿀 수 있다

'꿈'과 '사람'

'무엇이 최고의 혁신기업을 만드는가?(What makes an excellent company?)**'**

혁신 경영을 이끄는 두 가지 힘은 '꿈'과 '사람'이다. 혁신에 성공한 기업에는 이 두 가지가 있다. 구체적으로 말하면, 꿈을 가진 조직과 꿈에 공감하는 사람이 있다.

그런데 꿈은 경영학에서 다양한 의미로 쓰인다. 싱귤레러티 대학(Singularity University) 창업자인 피터 디아만디스(Peter Diamandis)는 꿈을 세상을 바꿀 수 있는 거대한 목적(MTP: Massive Transformational Purpose)이라 했고, 짐 콜린스(Jim Collins)는 사업의 핵심 목적(core purpose), 피터 드러커는 기업이 존재해야 할 이유, 미션이라고 불렀다.

혁신에 성공한 기업은 돈을 벌겠다는 욕심 이상으로 사회적 대의명분과 가치창출이라는 목표가 있었다. 그래서 기업 구성원은 사회적 꿈을 이루기 위해 적극적으로 참여하고, 자기 일에 자부심을 가졌다. 결국 이들이 기업 혁신의 주체가 되었다.

이 책은 꿈과 사람, 이 두 가지 요소로 혁신에 성공한 기업의 이야기를 다루어보고자 한다. 기업의 성패는 기회포착에 달려 있다. 기회는 꿈이 있는 사람에게 보이고, 그 꿈에 공감한 직원에 의해 실현된다. 혁신에 성공한 기업가는 구성원을 위한 꿈을 만들고 그것이 그들의 희망이 되게 한다. 그리고 구성원과 소통하고 공감함으로써 꿈을 실현한다. 꿈에 공감한 직원은 변화 속에서 새로운 기회를 찾아내고, 혁신을 통해 가치를 창출한다.

직원의 신뢰가 없으면 기업이 일어서기 어렵다. 공자의 무신불립 (無信不立) 정신이다. 기업의 지도자인 기업가는 큰 꿈과 의지를 가지되, 이를 직원과 함께 나누며 신뢰를 쌓아야 한다.

사람의 능력은 상수가 아닌 변수

사람의 능력은 상수가 아니다. 1의 성과를 내던 직원이 사고방식이 바뀌어 열정을 가지고 일하면 100의 성과를 낼 수도 있다. 기업 재생의 신이라는 일본전산(日本電産)의 나가모리 시게노부(永守重信) 사장은 "개인의 능력 차는 5배 정도지만, 의식 차이는 100배의 격차를 만든다"고 했다. 따라서 기업의 성공은 직원의 능력이 아니라 의식에 달려 있다. 그러면 어떻게 직원의 의식과 사고방식을 바꿀 수 있을까? 바로 꿈을 공유하는 것이다.

사람의 사고방식을 바꾸고 열정을 만드는 것은 돈이 아니고 꿈이다. 좋은 회사는 '꿈이 있는 회사'다. 기업의 꿈이 직원의 꿈이 되면 기업은 엄청난 에너지를 만들어내기 시작한다. 직원의 생각이 바뀌기 때문이다. 기업의 꿈이 직원의 꿈이 되면, 그 꿈은 직원의 혼이 된다. 그리고 직원은 혼신의 힘을 다해 일한다.

그러면 어떻게 기업의 꿈이 직원의 꿈이 되는가? 톰 피터스는 이를 '가치공유(shared value)'라 했다. 교세라의 창업자 이나모리 가즈오는 '사고방식×열정×능력'으로 기업이나 개인의 성공방정식을 설명했다.

인생에 성공한 사람은 어떤 사람일까? 나이가 들수록 자기 분야의 고수로 성장하는 사람이 성공한 사람이다. 이들은 자신의 직업에서 인생의 꿈을 만들고 이룬다. 꿈이 있는 사람은 비록 젊을 때에 많이 부족할지라도, 나이가 들수록 나아져서 결국에는 고수가 되고 명장이 된다. 특히, 북유럽 사람을 만나보면 이런 생각을 많이 하게 된다.

북유럽 사람들은 젊을 때에는 지식 등에서 좀 부족해보이지만, 평생학습과 교육을 통해 나이가 들수록 그 분야의 전문가가 되어간다. 이에 비해 한국인들은 대개 30대에는 전문가의 모습을 보이지만, 40대가 되면 흔한 관리자가 되고, 50대가 되면 자기 기술이 없는 명퇴자가 되고 만다.

이런 한국인들을 위해 두 가지 가설을 소개하고 싶다. '혁신은 꿈 또는 미션(마틴 루터 킹과 피터 드러커)에서 시작되고, 가치공유와 공감 (톰 피터스와 에이브라함 링컨)을 통해 완성된다'는 가설이 바로 그것이다. 좀 더 자세히 살펴보자.

첫째는 '마틴 루터 킹과 피터 드러커 가설'이다. 꿈이 있는 사람은 미래의 혁신을 위해 정열을 불태운다. 혁신을 선도하는 지도자는 꿈을 이야기하고, 그 꿈을 통해 구성원에게 미래를 보여주고자 한다.

둘째는 '톰 피터스와 에이브라함 링컨 가설'이다. 미래의 꿈을 구성원과 공유하면 구성원은 그들의 아이디어로 혁신을 실천한다. 링컨 리더십의 핵심단어는 공감(empathy)이다. 지도자의 꿈에 공감한 직원은 열정을 다해 자신의 아이디어로 혁신에 참여하기 시작한다.

꿈과 공감으로 풀어가는 혁신기업

미국 경영학의 역사를 바꾼 톰 피터스(Tom Peters)와 로버트 워터만 (Robert Waterman), 그들이 선정한 초우량기업들은 기업의 '가치'와 직원 간의 '공유된 가치(shared value)'를 가지고 있었다. 이 기업들은꿈을 제시하고 직원들과 그 꿈을 공유했다. 이것이 혁신의 바탕이 되었다. 이처럼 초우량기업은 사람을 키우는 문화를 가지고 있다.

기업은 돈만 추구하는 조직이 아니다. 기업은 사회가 필요로 하는 가치를 창출하겠다는 꿈이 있어야 한다. 다시 말해, 기업은 사회에 얼마나 가치 있는 존재가 될 수 있는가에 목표를 두어야 한다. 기업이 돈만 벌자고 하면 오래 갈 수 없다. 특히, 돈을 위해 사람을 희생시키는 기업은 일시적으로는 성공하는 것처럼 보이지만, 혁신으로 나아가지는 못한다. 혁신하지 못하는 기업은 오래가지 못한다.

사회가치 창출이 직원의 꿈이 되면, 이는 최고의 동기부여가 된다. 나로 인해 세상이 바뀐다는 자긍심을 가지기 때문이다. 동기부여는 마음으로부터 나와야 한다. 금전적 인센티브와 같은 외부적 보상은 일시적 효과는 있을지 몰라도, 길게 갈 수는 없다. 게다가 마음으로부터의 동기유발을 저해하기도 한다. 그래서 성과보상은 수익분배가 아닌, 기업의 경영이념과 철학에 따른 것이어야 한다.

기업의 꿈을 직원과 공유하면 직원은 돈이 아니라 꿈을 가지고 근무하게 된다. 그러면 기업 문화가 바뀌고 혁신이 일어난다.

리더의 갑질, 구성원의 을질

기업은 언제 강해지고, 언제 약해지는가? 구성원이 협력하면 강해
지고, 갈등하면 약해진다. 구성원 개개인은 그렇게 강하지도, 똑똑
하지도 않다. 그러나 협력하면 할수록 그들은 강해지고 똑똑해진
다. 그러므로 기업이란, 협력을 제도화한 것(Coase, 1937)이라 할 수
있고, 기업의 성패는 구성원 간의 협력에 달려 있다고 할 수 있다.
그런데 기업에는 구성원 간 협력을 방해하는 두 가지 장애물이 있
다. 하나는 리더의 갑질이고, 또 하나는 구성원의 을질이다.

갑질이란 힘의 우위에 있는 강자가 자신을 위해 힘을 남용하는
것이다. 을질이란 약자가 약함을 핑계로 무사안일을 추구하는 상태
다. 갑질은 '공감' 부족에서 생기고, 을질은 '꿈'의 부재에서 생긴다.

이렇게 보면, 최악의 기업은 갑질과 을질이 악순환하는 조직이
다. 혁신에 성공하기 위해서는 '직원과의 공감'을 통해 갑질을 없애
고, '직원에게 꿈 주기'를 통해 을질을 없애야 한다.

이것이 바로 사람중심 기업가정신이 필요한 이유이다. 갑질은
'사람 지향성(Humane Orientation: HO)의 부족, 을질은 '기업가적 지
향성(Entrepreneurial Orientation: EO)의 부족에서 생기기 때문이다. 사
람중심 기업가정신이 정착되면, 직원은 선제적(proactive)으로 기회

에 도전할 것이고, 기업가는 직원과 꿈을 나누기 시작할 것이다. 이렇게 되면 혁신과 헌신이 선순환되어 밝은 미래가 펼쳐진다.

사람중심 경영, 도전인가? 대안인가?

꿈과 사람의 선순환을 통해 혁신에 성공하는 사람중심 경영, 사람중심 기업가정신(humane entrepreneurship)이 사회적 관심을 끌고 있다. 이 책에서는 사람중심 경영의 실천 방향을 구체적으로 제안하고 그 사례를 공유하고자 한다. 사람중심 혁신성장이 거대 담론에만 치우쳐 실천 방법에 대한 논의가 부족하기 때문이다. 사람중심 혁신성장의 실천자(enabler)는 기업이다. 기업이 사람을 통해 혁신성장하고, 그 성과를 바탕으로 질 좋은 일자리가 만들어질 수 있음을 보여주어야 한다.

사람중심 경영의 실천은 '사람 없는 성과중심', '성과 없는 사람중심'을 극복하는 데 초점을 맞추어야 한다. 특히, 근시안적 주주중심 기업가정신에서 벗어나야 한다.

많은 기업가가 지나치게 시장기회 포착과 성과 창출에 집중한다. 이 때문에 기회를 가치로 만들어내는 주체인 사람에 대한 관심은 상대적으로 적다. 이렇게 되면 기업가는 이익을 독차지할 수 있지만, 직원은 나그네에 머무르고 만다. 이런 기업은 나그네가 길을 떠나는 순간 무너진다. 한편, 기업은 이익 없이 사람중심으로만 존재할 수도 없다. 이익은 기업 혁신의 결과인 만큼, 어렵고 귀찮은 혁신에 직원이 참여하도록 해야 한다.

그러면 어떻게 직원이 주체적으로 혁신에 참여하도록 할 수 있을까?

이를 위해서는 혁신을 추구하는 기업가적 지향성(EO)과 가치 창출의 주체인 직원을 배려하는 '사람 지향성(HO)'의 균형이 필요하다. 이는 단기적인 전략만으로는 정착하기 어렵다. 조직 문화로 스며들도록 지속적인 노력이 필요하다.

사람중심 기업가정신, 전략을 넘어 기업 문화로

"전략은 범용품(commodity)이고 실천은 예술(art)이다"라는 피터 드러커의 말이 있듯이 어떻게 실천하느냐에 따라 기업의 모습은 매우 달라진다. 예술은 '심는다'는 뜻을 가진 '예(藝)'와 '곤란한 과제를 능숙하게 해결할 수 있는 길'이라는 뜻의 '술(術)'이 합쳐진 낱말이다. 그러므로 기업이 잘 되기 위해서는 사람중심이 기업 문화의 씨앗이 되어야 하고, 싹을 잘 틔우고 튼튼하게 길러 열매 맺도록 해야 한다.

구체적으로 말하면, '예(藝)'는 사람중심 문화를 심는 과정이라 할 수 있다. 이를 위해서는 무엇보다도 기업가의 사람중심에 대한 철학과 강한 의지가 있어야 한다. 기업가는 꿈과 그것이 가져올 미래를 보여주어야 하며, 이에 대해 구성원과 지속해서 소통해야 한다. 그리고 '술(術)'은 사람중심을 혁신성과로 풀어내는 것이다. 이를 위해서는 기업가와 직원이 협력하여 문제를 해결하는 창조적 활동이 동반되어야 한다.

결국 여기에서도 '꿈'과 '공감'이 핵심이다. 주의할 점은 비전 만들기(envisioning)와 공감(empathy)이 일시적인 것으로 그쳐서는 안 된다는 것이다. 즉, 사람중심 기업가정신은 일시적인 전략의 차원을 넘어 구성원의 지속적인 창조 활동과 관심을 불러일으킬 수 있어야 한다.

저게 저절로 붉어질 리는 없다

저 안에 태풍 몇 개

저 안에 천둥 몇 개

저 안에 벼락 몇 개

저게 저 혼자 둥글어질 리는 없다

26

저 안에 무서리 내리는 몇 밤
저 안에 땡볕 두어 달
저 안에 초승달 몇 낱

장석주 시인의 〈대추 한 알〉이라는 시의 일부이다. 대추 한 알이
붉게 영글기 위해서는 태풍과 천둥, 벼락을 맞는 것은 물론 오랫동
안 땡볕과 무서리도 견뎌야 한다. 대추 한 알이 영글기 위해서도 이
렇게 많은 시련을 견뎌야 하는데, 하물며 사람중심 혁신기업 문화가
기업에 정착하기 위해서는 얼마나 큰 시련을 견뎌야 하겠는가? 시
련을 견뎌내는 기업 앞에는 지속성장이라는 달콤한 열매가 기다리
고 있을 것이다.

'사람의, 사람에 의한, 사람을 위한(of the people, by the people, for the
people)' 기업은 지구상에서 사라지지 않는다. 이 책은 이러한 생각을
가지고 운영하는 '꼼파니아 학교'의 이야기를 정리한 것이다.

저자 일동

PART 1

한국형 혁신기업의 조건

PART 2

한국형 혁신기업 사례

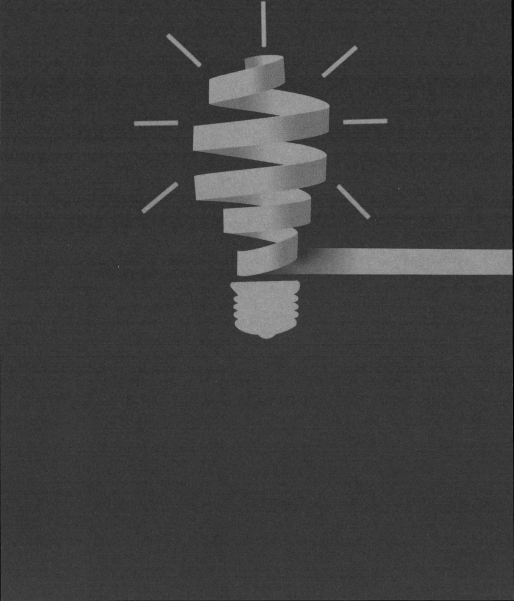

PART 1

한국형
혁신기업의 조건

01
....

기업이란 꼼파니아다

기업이란?

기업은 영어로 company다. company는 스페인어의 꼼파니아 (compañía)에서 유래했다. 꼼파니아는 Com(함께), Pan(빵, 새로운 꿈), Ia(공동체)의 합성어다. 즉, 꼼파니아는 맛있는 빵을 함께 꿈꾸고 만들어가는 공동체를 말한다. 이처럼 영어 company는 '함께 일하는 회사나 단체 또는 동반자'라는 뜻이 강하다. 결국 기업은 '같은 꿈을 꾸는 사람이 함께하는 곳'이라 할 수 있다.

한자어 '기업(企業)'도 이와 의미가 비슷하다. '기(企)'는 '사람 인(人)'과 '머무를 지(止)'가 합쳐져 만들어진 글자이다. 즉, '사람이 모여 함께 업을 일으키는 것'이 바로 기업이다.

노벨경제학상 수상자 로널드 H. 코스(Ronald H. Coase)가 1937년에 발표한 〈기업의 본질(The Nature of the Firm)〉에서는 기업을 "거래비용을 줄이기 위해 개인이 모여서 만든 협력집단"이라고 정의하고 있다. 즉, 기업은 협력을 효율적으로 제도화한 조직이다. 기업이라는 제도 안에서 사람들은 협력하여 성과를 만들어낸다.

기업가란?

기업가란 우리 사회가 직면한 문제를 해결하여 더 나은 사회로 만들고자 하는 큰 꿈을 꾸는 사람이다. 기업가란 '꼼파니아에 대한 꿈과 철학을 가진 사람'이다. 이들의 꿈이 기업가적 사고가 되고, 이들이 만들어내는 기업가적 경영이 혁신성과가 되고, 사회변화의 원천이 된다.

피터 드러커는 "기업가정신을 변화를 탐색하고, 변화에 대응하고, 변화를 기회로 활용하는 것"이라 정의했다. 첨단기술은 칼날이다. 칼날을 잘 벼려야 좋은 칼이 된다. 첨단기술이라는 칼날을 잘 벼릴 수 있는 숫돌이 바로 기업가정신이다. 날카롭게 벼린 칼은 사회를 발전시키는 도구가 된다. 이런 칼을 가진 사회가 기업가적 사회(entrepreneurial society)이다.

그럼 기업가가 진화시켜야 할 세 가지 꼼파니아 DNA를 살펴보자.

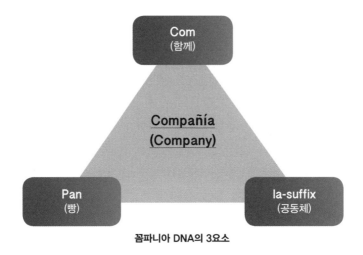

꼼파니아 DNA의 3요소

첫째, 협력이다. 협력은 기업의 핵심이다. 협력 없는 기업은 강할 수도, 효율적일 수도 없다. 그러므로 기업가는 구성원 간의 협력을 끌어낼 수 있어야 한다. 기업가는 '꼼(com)'의 지도자가 되어야 한다.

둘째, 혁신이다. 기업가는 '사회가 어떤 빵을 원하고 있는가?'를 늘 고민해야 한다. 사회는 늘 새로운 빵을 원한다. 기업가는 이런 요구에 선제적으로 대응해야 한다. 맛있는 빵은 기업가의 꿈이다. 꿈이 현실이 되면, 신제품이 되고 신기술이 된다. 우리는 이를 혁신이라 부른다. 기업가는 '빵(pan)의 지도자'가 되어야 한다.

셋째, 공유다. '어떻게 함께 빵을 만들고, 함께 먹을 것인가'를 고민하는 공동체를 경영해야 한다. 빵은 함께 개발하고 협력해서 만드는 것이다. 기업가는 직원에게 꿈을 주고 직원의 열정으로 만들어낸 성과를 공유할 수 있어야 한다. 기업가는 '협력공동체(ia)'의 지도자가 되어야 한다.

이 세 가지가 모두 있어야 '꼼(com)'+'빵(pan)'+'협력공동체(ia)'=꼼파니아(compania), 즉 기업이 된다. 여러분 회사는 꼼파니아인가? 꼼이 없는 '파니아'인가? 아니면 그저 '빵(빵)'인가? 꼼파니아 기업가는 임직원과 기업의 가치를 공유(shared value)한다. 그러면 임직원은 자신의 열정과 노력을 조직에 투입한다. 반면, 파니아의 임직원은 사일로(silo)[1]를 만들고 갈등하다 사라지고 만다. 신제품 없는 회사는 그냥 빵일 뿐이다.

기업가의 조건

기업가는 기회를 꿈으로 만들어 실현하는 사람이다. 그런데 꿈이 개

---

1) silo(사일로)는 '큰 탑 모양의 곡식 저장고, 가축 사료(silage) 지하 저장고, 핵무기 등 위험 물질의 지하 저장고'를 말한다. silo organization(사일로 조직)은 곡식을 저장하는 굴뚝 모양 창고인 사일로처럼 CEO를 정점으로 해서 굴뚝 모양으로 늘어선 부서들이 다른 부서와 담을 쌓고 내부 이익만 추구하는 조직을 일컫는 말이다. 줄여서 그냥 silo라고도 한다. 《재미있는 영어 인문학 이야기 4》, 강준만, 인물과사상사 참고.

인의 꿈으로 그쳐서는 안 된다. 기업가는 사회가치를 창출하겠다는 꿈이 있어야 한다. 다시 말해 미션이 확고해야 한다.

미국의 경우 청년 기업가가 자신의 아이디어와 꿈을 가지고 은행을 찾아가면 은행은 간단한 심사를 거쳐 대출해 준다. 청년의 꿈을 응원해 주는 것이다. 이렇게 해서 사업에 성공한 청년 기업가는 사회가 자신을 믿어준 덕분에 성공했다고 생각한다. 그래서 자신도 사회에 공헌하고자 노력한다. 꿈을 이룬 결과로 자본이 형성되고, 그 자본이 다시 꿈에 투자되는 선순환이 일어나는 것이다.

기업가를 뜻하는 영어 'entrepreneur'는 프랑스어에 어원을 두고 있다. entre는 '서로(between)'라는 뜻이고, preneur란 '가지려고 하는 사람', 즉 'taker'를 뜻한다. 따라서 entrepreneur는 '서로 주고받는 자'라 할 수 있다.

그러므로 기업가정신은 내가 잘하는 것을 다른 사람에게 주고, 다른 사람이 잘하는 것을 내가 받는 협력 정신이라고 할 수 있다. 앞서 언급했듯이, 사람의 협력을 제도화한 것이 기업의 본질이다. 사람을 협력하게 하는 제도일수록 거래비용이 낮아진다. 이러한 연구로 1991년에 로널드 코스(Ronald Coase)가, 2009년에 올리버 윌리엄슨(Oliver Williamson)이 노벨경제학상을 받았다.

기업가는 모멘텀을 만들고 실천하는 사람이기도 하다. 따라서 위기에 빛을 발한다. 위기를 벗어나는 모멘텀은 혁신을 추구하는 기업가에 의해 만들어진다. 혁신은 변화와 도전을 의미한다. 따라서 혁신의 적은 고정관념이고, 기득권이다. 혁신은 이를 파괴할 때 나온다. 슘페터(Schumpet)가 창조적 파괴(creative destruction)를 주장한 것은 바로 이 때문이다.

미국은 한국 교육이 최고라 하고, 한국은 핀란드 교육이 최고라고 하는데, 사실 오늘날의 한국을 만든 것은 기업가들이다. 정주영 회장, 이병철 회장 등 우리나라 1세대 기업가들은 불가능을 가능으로 만들었다. 한국전쟁 후의 잿더미에서 우리 국민이 장밋빛 꿈을 꿀 수 있도록 해 준 것은 1세대 기업인의 기업가정신이었다.

이제는 2세대 기업가가 성장의 모멘텀을 만들어야 한다. 그러기 위해서는 사회를 혁신하고 성과를 나누는 기업가정신이 필요하다. 황철주 청년기업가정신재단 이사장은 이를 다음과 같이 설명했다.

기업가정신은 혁신적 방법으로 신산업을 개척해 경제를 부흥하고 기업을 육성하는 데에 있다. 그런데 시대가 변해감에 따라 새로운 환경이 마련돼야 하고, 혁신도 달라져야 한다. 과거는 1등과 꼴찌가 열심히만 하면 다 함께 성장할 수 있었지만, 이젠 1등이 독식하는 시대다. 먼저 하면 혁신이지만, 늦게 하면 모방이 되고 만다. 혁신하고 성장하기 위해서는 국가와 국가 간, 산업 간, 기술 간의 융합과 협력이 중요하다. 또한, 잘하는 사람이 성공할 수 있는 환경이 만들어져야 한다. 그래야 우리 청년들에게 희망을 줄 수 있다.

공감이 없으면, 혁신 아이디어도 없다

사회는 사람 사이의 관계로 이루어진다. 그렇다면 어떤 사회가 좋은 사회일까? '나(I)'보다 '우리(We)'가 먼저인 사회이다. 우리를 먼저 생각하는 사회가 되기 위해서는 사람 사이의 관계가 좋아야 한다. 사회구성원의 관계가 좋아지면 이는 사회적 자본(social capital)으로 발전한다. 다시 말해, 우리 집 정원보다 우리 동네 공원을 잘 가꿔야 선진국이 된다. 이것이 관계 패러다임이다.

기업, 즉 꼼파니아도 사람의 관계에서 시작된다. 따라서 관계가 건강해야 기업도 건강해진다.

그렇다면 어떻게 하면 좋은 관계를 만들 수 있을까? 공감이 있어야 한다. 공감이 쌓이면 건강한 사회, 건강한 기업이 된다. 아담 스미스도 "공감의 원리가 작동할 때, 경제가 사회질서를 만들어 국가가 발전한다"고 보았다. 물론 경쟁도 필요하다. 다만, 경쟁은 누구나 공감할 수 있는 범위 내에서 이루어져야 한다. 그래서 아담 스미스는 독점을 강하게 반대했다. 구성원이 서로 공감할수록 협력이 활성화되고, 미래를 향한 도전에 긍정적으로 된다.

크고 대담하며 도전적인 꿈

건강한 관계를 만들기 위해서는 꿈도 필요하다. 꿈이 있어야 살만한 사회가 된다. 안타깝게도 우리 주변에는 '꿈이 없는 실력파'와 '꿈만 이야기하는 몽상가'가 많다. 전자는 햄릿처럼 비극의 주인공이, 후자는 돈키호테처럼 웃음거리가 되고 만다.

비극의 주인공 햄릿은 실력은 있지만, 꿈이 없었다. 꿈이 없어 복수에만 시간을 소모하다 결국 역량 전개에 실패했다. 한국 기업에도 이런 엘리트 유형의 직원이 많다. 이들은 대체로 회사의 기획부서에 배치되어 있다. 이들은 뛰어난 역량을 현장 직원의 혁신 아이디어를 거절하는 데 사용한다. 논리를 앞세워 혁신 아이디어를 매장하는 것이다. 결국 이런 회사는 관료화되어 지속성장을 하지 못한다.

2010년 이전, 일본항공(JAL)이 좋은 예이다. 당시 일본의 간판 항공사인 일본항공(JAL)은 법원에 파산 후 법정관리를 신청했다. 회사를 구원하기 위해 파견된 이나모리 가즈오(稲盛和夫) 회장은 기획부서의 엘리트 직원이 현장 직원의 아이디어를 무시하는 것을 가장 큰 문제로 여겼다.

그래서 이나모리 가즈오 회장은 기획부서와 관리부서 인력을 현장 전문가로 바꾸는 것에서부터 혁신을 시작하였다. 또한 관료화된 대규모 조직을 아메바형 소규모 조직으로 전환하였다. 아메바 조직 내에서 직원의 혁신 참가가 늘어나자, 눈에 보이는 혁신이 시작되었다. 철옹성 같던 일본항공 내부에 서서히 변화의 바람이 불자 기적 같은 일이 일어났다. 만성 적자에 시달리던 일본항공이 흑자로 전환된 것이다. 2010년 1894억 엔, 2011년 2049억 엔, 2012년 1952억 엔의 연속 흑자를 기록했다. 일본항공은 파산 후 2년 8개월 만에 도쿄증시에 재상장되었다. 기적적으로 부활한 것이다. 사람의 생각이 기업 혁신에 얼마나 중요한가를 보여주는 사례이다.

이익만을 좇아서는 지속가능한 기업이 될 수 없다. 사람이 꿈이 없으면 살 수 없듯이, 기업도 꿈이 없으면 생존할 수 없다.

이때 꿈은 크고(big) 대담하며(hairy) 도전적인(audacious) 것이어야 한다. 제임스 콜린스와 제리 포라스(James Collins and Jerry Porras)는 이를 BHAG(Big Hairy Audacious Goal-크고 대담하며 도전적인 목표)라고 불렀다. 제임스 콜린스와 제리 포라스가 6년 동안 진행한 프로젝트를 바탕으로 기업을 연구한 결과에 의하면[2], 여러 세대에 걸쳐 혁신에 성공하는 기업은 공통적으로 큰 비전을 가지고 있었다.

비전 기업은 조직원을 목표 달성의 수단으로 여기지 않는다. 오로지 직원이 기업의 꿈과 목표에 공감하도록 노력한다. 그래서 비전 기업에는 '어떻게 하면 오늘 했던 것보다 내일 더 잘할 수 있을까?'

---

2) 《성공하는 기업들의 8가지 습관(원제 Built to Last)》, 제임스 콜린스와 제리 포라스(James Collins and Jerry Porras), 김영사, 2002. 10. 10.

하는 생각이 직원 사이에 스며들어 있다.

    피터 드러커 경영학의 핵심은 '기업의 미션'이다. 제임스 콜린스는 미션과 큰 꿈의 중요성을 연구한 공헌으로 클레어먼트 피터 드러커 경영대학(Peter F. Drucker Graduate School of Management at Claremont Graduate University)에서 명예박사 학위를 받기도 했다.

    드러커의 미션에 영감을 받아 창업에 성공한 대표적 인물로는 일본의 유니클로 창업자 야나이 다다시(柳井正)가 있다. 드러커에 영감을 받은 야나이 다다시는 "옷을 바꾸고, 상식을 바꾸고, 세계를 바꾸고 싶다"는 꿈을 키웠다. 이러한 꿈을 반영했기 때문에 유니클로는 패션성만 추구하지 않는다. 색깔, 디자인을 넘어 사람이 필요로 하는 옷을 만든다. 한 번 입고 버리는 것이 아니라 사람에게 꼭 필요한 옷을 추구한다.

    패션은 소재를 포함한 기술력 싸움이다. 그래서 유니클로는 세상을 바꿀 신제품을 만들기 위해 첨단소재 업체 도레이와 협력하고 있다. 도레이는 도요레이온이라는 합성섬유 제조사에서 출발하여 현재는 바이오와 의료산업에까지 진출한 첨단 화학소재 회사이다. 유니클로가 도레이와 협력하여 만들어낸 대표작은 기능성 내의 '히트텍'이다. 히트텍은 누적 10억 개가 팔렸고, 지금도 연간 1억 개씩 팔리고 있다. 이외에도 에어리즘·울트라라이트다운·드라이EX·감탄팬츠 등 고기능 소재를 활용한 신제품이 지속해서 개발되고 있다.

이처럼 유니클로는 기업가가 꿈을 제시하고 이 꿈을 함께하는 생태계 구성원이 만들어낸 지속가능 기업이라 할 수 있다.

다른 예를 하나 더 살펴보자. 10년 안에 10억 명의 사람에게 영향을 끼칠 수 있는 혁신 창업가를 육성한다는 꿈을 가지고 설립된 대학이 있다. 2008년 설립된 실리콘밸리의 싱귤래리티 대학(Singularity University)이다. 싱귤레러티 대학 창업자인 피터 디아만디스(Peter Diamandis)는 꿈을 "세상을 바꿀 수 있는 거대한 목적(MTP: Massive Transformational Purpose)"이라고 했다[3].

"세상을 바꿀 수 있는 거대한 목적(MTP)을 가진 조직일수록 더 열심히 일하고, 보다 헌신적이고, 큰 문제를 더 빨리 해결할 수 있다. 무엇보다 중요한 것은 우리가 하는 일에 더 큰 만족을 느낀다는 점이다."

한편, 꿈만 있고 실천이 없으면 웃음거리가 되고 만다. 돈키호테가 대표적이다. 돈키호테는 꿈은 컸지만 실력이 부족했다. 그래서

---

3) Berman, Alison E. (2016), The Motivating Power of a Massive Transformative Purpose
    By - Nov 08, 2016, https://singularityhub.com/2016/11/08/the-motivating-power-of-a-massive-transformative-purpose/#sm.001qx5k671bboensqzz2avbbzl8oq

늘 다른 사람의 웃음거리가 되었다. 마찬가지로 꿈 이야기만 하고 능력 구축에 실패하는 기업이 많다. 의욕은 넘치지만 실력이 부족한 기업은 역량 구축에 매진해야 한다. 그렇지 않으면 웃음거리가 된다. 실천이 없는 꿈은 가치가 없다.

공감으로 혁신의 동지 만들기

인간은 누구나 특별한 능력이 있다. 문제는 이러한 능력을 어떻게 개발하고 발휘하느냐에 있다. 앞서 인간은 홀로 있을 때는 약한 존재이지만, 협력하면 강한 힘을 발휘한다고 했다. 그리고 협력을 끌어내는 것은 공감이라고 했다.

요즘 베트남에서 국민영웅 대접을 받는 박항서 감독을 예로 들어보자. 박항서 감독이 부임하기 전과 후의 베트남 대표팀은 인적 구성이 별로 달라진 바가 없다. 그런데도 박항서 감독이 부임해서 뛰어난 성과를 올린 것은 선수들과 공감(empathy)하고 권한을 위임(empowerment)했기 때문이다. 더불어 선수들이 자신감을 갖게끔 능력개발(enablement)을 해 준 덕분이다.

공감(empathy)은 '감정을 이입한다(feeling into)'는 뜻이다. 비슷한 말로 동감(sympathy)이 있는데, 이는 '함께 느낀다(feeling with)'는 뜻이다. 굳이 비교하자면 공감은 동감보다 좀 더 감정이 이입된 상태라 할 수 있다. 즉, 상대방의 일을 내 일처럼 느끼며 상대와 함께하고자 하는 적극적인 마음 상태를 공감이라 할 수 있다. 예를 들어, 동료가 어려운 문제와 씨름하고 있을 때 '그래? 참 안됐구나.'라고 생각하는 것은 동감이다. 반면, '함께 문제를 풀어볼까?'라고 생각하면 공감이다.

지도자의 리더십은 군림에서 나오는 것이 아니라, 공감에서 나온다. 물론 구성원 중에는 지도자의 생각에 공감하지 않는 사람도 있다. 이들에게는 다름을 인정하는 관용과 동감이 필요하다. 워싱턴 DC의 링컨 리더십 센터는 공감과 동감을 다음과 같이 설명하고 있다.

공감(empathy)이란 다른 사람의 생각, 느낌, 그리고 경험에 깊은 관심을 가지고 민감하게 대응하는 행동을 말하며, 동감(sympathy)이란 자신과 다른 신념과 관행을 널리 이해하고 관용을 베푸는 행동을 말한다.[4]

인간은 공감과 동감을 모두 갈망한다. 구성원이 리더의 비전에

---

4) Empathy: The action of understanding, being aware of being sensitive to, and vicariously experiencing the feelings, thoughts, and experience of another.
Tolerance: Sympathy or Indulgence for beliefs or practices differing from or conflicting with one's own.

공감하면 할수록 보다 적극적으로 협력하고 참여한다. 의견 대립이 생길 때는 차이를 이해하고 공존하고자 하는 동감의 노력이 필요하다. 공감이 높은 조직일수록 어렵고 귀찮은 혁신 활동에 구성원의 자발적 참여 비율이 높다.

과연 몇 %의 직원이 몸과 함께 마음도 출근할까?

2013년 전 세계 142개국을 대상으로 한 갤럽의 직원 업무몰입도 조사 결과에 의하면, 한국은 11%의 직원만이 업무에 몰입하고 혁신 활동에 적극적이었다. 반면 직원의 22%는 회사에 대해 불평을 쏟아내며 동료의 업무를 방해하고 있었다. 나머지 67%의 직원은 몸만 회사에 출근하고 마음은 다른 곳에 있었다. 이들은 업무에 참가하는 듯하지만, 혁신 아이디어를 내고 변화하기보다는 현실에 안주하는 경향이 많다. 결국 우리나라 기업의 혁신성장은 겨우 11%의 직원이 주도하고 있는 셈이다.

11%의 혁신을 주도하는 혁신 동지, 그들은 누구일까? 이들은 기업의 꿈을 함께 꾸는 사람들이다. 기업의 꿈이 직원의 꿈이 되면 그들은 도전하기 시작하고 열정을 쏟아붓는다. 기업가는 이런 직원이 자율적으로 도전하게 해 줘야 한다. 권한 위임이 중요한 이유이다.

또한 이들이 조직 내에서 안정감을 가질 수 있도록 보호해 줘야 한다. 이들이 보호받지 못하면 외부환경과 싸우는 혁신에 과감하게 도전하지 못할 것이다. 외부로 에너지를 발산하지 못하면 내부에서 싸움이 일어난다. 그러면 혁신의 에너지는 의미 없이 소진되고 만다.

혁신성장, 11%의 직원에게만 의지해야 할까?

손자병법에 의하면, 전쟁을 시작하기 전 반드시 점검해야 할 다섯 가지 요소가 있다. 도(道), 천(天, 시간), 지(地, 공간), 장(將, 장수), 법(法)이다. 전쟁에 이기기 위해서는 법이 있어야 하고, 장군이 있어야 하고, 지리적 강점이 있어야 하고, 하늘의 도움도 필요하다. 그러나 무엇보다도 중요한 것은 '도(길 道)', 즉 전쟁을 해야 하는 이유다. 명분 없는 전쟁에서는 이길 수가 없다. 명분, 즉 꿈과 비전을 공유해야 병사가 똘똘 뭉쳐 승리를 쟁취한다.

1인당 국민소득 3만 달러 시대, 그렇지만 전망은 불투명하다. 11%에 머무는 한국 기업의 혁신 직원 비율을 20% 이상 올릴 수 없을까? 한국 기업도 이제는 장비중심에서 벗어나 사람중심의 고도화된 경쟁 전략(High Road)으로의 비즈니스 모델 전환이 필요하다. 기업가는 직원에게 미래에 대한 꿈을 보여줄 수 있어야 한다. 비전은 보여주는(see) 것이기 때문이다.

위기는 혁신할 수 있는 기회다

위기는 한계에 부딪칠 때 느낀다. 특히, 높은 수준의 목표를 가지고
있으면, 한계에 부딪칠 확률이 높다. 높은 꿈을 가진 기업가가 위기
의식을 많이 느끼는 이유이다.

우리나라 기업인들은 위기 때마다 혁신을 이뤄냈다. IMF 외환위
기, 글로벌 금융위기 등의 위기에서 우리나라 기업은 변신했다. IMF
외환위기 이후 벤처 전성시대가 왔고, 글로벌 금융위기 이후 4차 산
업혁명 시대를 맞이하여 새로운 변신을 꾀하고 있다.

이처럼 위기일 때 기업가의 진가가 발휘된다. 남들처럼 생각하
고, 남들처럼 행동해서는 앞서 나갈 수 없다. 이제는 많이 아는 사람
이 성공하는 시대가 아니라 위기 상황에서 선제적으로(proactive) 기
회를 잘 잡는 사람이 성공한다.

오늘날 우리나라 경제는 또 다시 위기를 맞고 있다. 저성장 고비
용 시대에 접어든 것이다. 이는 곧 기회가 왔다는 뜻이기도 하다. 혁
신에 앞장서는 기업이 그 기회를 잡을 것이다.

기업 경영의 두 가지 축:
꿈과 공감

꿈이 없으면, 열정도 없다

꿈이 있는 기업은 '미래'와 '사회 가치'에 관심을 가지지만, 꿈이 없는 기업은 '현재 성과'와 '제품 그 자체'에만 관심을 둔다. 후자를 '현재의 저주'라고 한다. 코닥, 모토로라, 노키아 등은 기존 고객이 원하는 '존속성' 기술에 빠져 새로운 고객이 원하는 '미래' 기술을 무시하다 몰락했다. 그러므로 기업이 현재의 기술과 이익에 흔들리지 않으려면, 방향성에 대한 확고한 철학이 있어야 한다. 다시 말해 미래에 대한 꿈이 있어야 한다.

기업은 이익 실현이라는 목적을 넘어, 사회 문제까지 해결하겠다는 원대한 꿈을 꾸어야 한다. 그래야 그 꿈을 이루기 위해 구성원이 자발적으로 참여하고 자부심을 가진다.

꿈은 기업이 나아갈 방향을 알려준다

꿈은 기업의 내비게이션과도 같다. 꿈이 없으면 기업은 목표를 잃고 방황한다. 혁신성장에 성공한 기업의 지도자는 꿈을 주요 화두로 삼는다. 그래서 그들은 기업의 방향성 싸움에서 실패하지 않는다. 꿈은 사람을 움직이는 힘이다. 함께 믿는 커다란 꿈이 없으면, 사소한 결정을 내릴 때도 조직은 흔들린다.

꿈은 벡터에서 힘의 작용점이 된다. 벡터는 힘의 작용점(acting point of force), 힘의 크기(force vector magnitude), 힘의 방향(force vector direction)에 의해 결정된다. 이를 힘의 벡터 3요소(three elements of force)라 한다. 그러므로 꿈이 흔들리면 모든 것이 흔들린다.

시대를 움직이는 거인들은 꿈을 다양한 뜻으로 사용했다. 앞서 살펴보았듯이, 싱귤레러티 대학 창업자인 피터 디아만디스는 꿈을 '세상을 바꾸는 거대한 목적(MTP)'이라 했고 최고의 군사고전 손자병법을 지은 손무는 '도(전쟁을 해야 할 이유)'라고 불렀다. 노예해방 100주년인 1963년 8월 28일, 마틴 루터 킹 목사는 '꿈(dream)'이라는 주제로 위대한 연설을 했다. 1990년대 초반에 이건희 회장이 화두처럼 던진 '업의 본질'도 꿈의 또 다른 뜻이다. 짐 콜린스의 비전체계에서는 꿈을 '사업의 핵심목적(core purpose)'이라 부른다. 그리고 피터 드러커는 기업이 존재해야 할 이유, '미션'이라고 불렀다.

공감이 없으면, 질서와 협력도 없다

인간은 시장에서 교환을 통해 부를 축적한다. 그런데 시장을 독점하면 개인의 부는 증가할지 몰라도 사회의 부는 증가하기 어렵다. 이런 시장은 오래 가지 못한다. 마찬가지로 기업이 꿈만 있고, 이 꿈에 공감하는 직원이나 생태계가 없으면 존재하기 어렵다. 경영이란 기업가의 꿈을 다른 사람을 통해서 실천하는 것이다. 직원은 기업의 꿈에 공감할수록 열정을 발산하고 능력을 발휘한다.

사회는 공감의 범위 내에서 질서를 만들고 발전한다. 그러므로 경쟁조차도 다른 사람의 공감을 얻을 수 있는 범위에서 이루어져야 한다. 아담 스미스는 시민 사회의 3대 원리로 공감의 원리, 정의의 원리, 교환의 원리를 제시했다. 이 원칙은 저렴한 가격에 양질의 제품을 공급하게 한다. 그러므로 이 원칙이 제대로 작동하면 시장경제가 질서 속에서 발전할 수 있다.

특히, 아담 스미스는 자본주의의 시작 단계에서 공감에 주목했다. 그의 저서 《도덕 감정론》의 첫 장도 공감의 개념을 설명하는 것으로 시작한다.[5]. 사회 질서와 발전에 대한 아담 스미스의 생각은 이기성에 기초한 국부론과 이타성에 기초한 도덕 감정론(The Theory of Moral Sentiments)에 바탕을 둔다. 인간은 이기적이지만, 남의 눈을 의식하고 자기 속에 있는 관찰자에게 통제받는다. 다시 말해 인간은 이기적이지만, 다른 사람의 감정을 느끼는 공감 능력이 있다. 따라서 사람들은 공감하지 못할 수준의 이기적인 행동까지는 용납하지 않는다.

이제 우리나라 기업들도 공감에 주목해야 한다. 이것이 기업 경쟁력을 높이는 핵심 요소이다. 우리 사회 역시 공감에 눈떠야 한다. 그래야 국가 경쟁력과 국부를 높일 수 있다.

돈과 장비중심 경영 방식의 한계

지난 50여 년간 한국의 기업 경영은 선진국의 기술과 아이디어를 빠르게 따라가는 추종자(fast follower) 전략을 썼다. 그래서 우리 기업은 사람의 아이디어 개발보다 자본과 장비 투입으로 효율성을 높이는

---

5) 《도덕 감정론》, 아담 스미스(박세일 역), 비봉출판사 2009. 애덤 스미스 〈도덕 감정론〉, 〈국부론〉 (박세일 교수) 강의(https://terms.naver.com/entry.nhn?docId=5702884&cid=62887&categoryId=63059)

데 집중했다. 또한, 수직적 위계질서로 신속한 집행을 강조했다. 그 결과 한국 기업의 경영 방식은 지나치게 돈과 장비중심으로 흐르고 말았다.

그러나 한국경제가 국민소득 1인당 3만 달러 시대로 접어들고, 중국 등이 세계경제에 진입하면서 추종자 전략은 빠르게 그 힘을 잃어가고 있다. 이미 우리나라는 고비용 경제 국가로 진입하고 있으며, 저원가 경쟁력은 급격히 한계를 보이고 있다. 그러므로 고비용 경제에 걸맞은 기업의 패러다임 혁신이 필요하다.

혁신의 원천은 사람에게서 찾아야 한다. 일본의 잃어버린 20년 시기에 기적같이 성과를 내던 기업은 대부분 사람에게서 답을 찾은 기업이었다. 이른바 사람중심 혁신기업이었다. 이제는 직원을 비용이나 구조조정 대상이 아닌 경쟁력과 혁신의 주체로 여겨야 한다. 하지만 기업 내부에서는 아직도 노사가 싸우고 있다. 서로 신뢰하지 못하니 기업은 사람에 투자하기보다는 구조조정으로 대응하고, 노조는 장기적인 기업 성장보다 단기적인 성과 배분을 위해 투쟁하고 있다.

이제는 직원의 몰입을 통해 아이디어를 끌어내는 사람중심 경영으로 패러다임을 대전환해야 한다. 업무에 몰입하는 직원의 비율을 높여 이들이 혁신성장의 주체가 될 수 있도록 해야 한다. 그래서 돈이나 장비가 아닌 사람의 아이디어가 경쟁력의 원천이 되도록 해야 한다.

경영 패러다임 대전환의 두 가지 축, 꿈과 공감

'교육의 질은 교육자의 질을 넘지 못하고, 기업의 질은 기업 구성원의 질을 넘지 못한다.'

지금 우리 기업이 힘들어하고 있다. 혁신성장의 힘이 없어졌기 때문이다. 원가는 올라가는 데다 해외시장에서 제품 차별화를 할 만한 기술력은 부족하다. 이게 다가 아니다. 꿈보다 돈 중심의 인센티브로 직원을 관리하다 보니 조직원 사이의 공감이 부족하다. 아직도 대다수의 한국 기업은 수직적 속성, 즉 서열, 이기심, 위계와 명령에 지배당하고 있다.

우리 기업이 혁신 동력을 되찾기 위해서는 두 가지가 필요하다. 지금까지 계속 강조했던 꿈과 공감이다.

먼저, 기업가는 큰 꿈을 사회에 던져주어야 한다. 기업은 이익을 넘어 사람과 사회로 향해야 한다. 기업의 손익계산서를 보면 맨 아랫줄(bottom line)이 순이익이고, 맨 윗줄(top line)이 총수입이다. 기업은 이러한 손익계산서를 뛰어넘어 최고 높은 선(upper line)에 도달해야 한다. 이것이 바로 기업의 미션이다. 미션은 크고 공감할 만한 것이어야 한다. 미션은 직원이 땀 흘려 일하는 이유이자 사회구성원으로 존재하는 이유가 된다. 또한, 미션은 기업이 추구하는 '업의 본질'

이 된다.

그리고 기업은 꿈을 직원, 생태계, 사회와 공유하고 공감하도록 노력해야 한다. 혼자 꾼 꿈은 단순한 꿈으로 그치지만, 함께 꾼 꿈은 현실이 된다. 사람은 기계가 아니므로 자기가 설정한 가치에 따라 움직인다. 기업 경영은 이렇게 능동적으로 움직이는 사람이 중심이 되어야 한다. 그런데 공감이 없으면 사람은 협력자가 아니라 불평자가 된다. 기업의 존재 이유에 대한 사회적 공감대가 형성되면, 고객이 몰려오고 이익이 발생한다.

기업의 꿈과 공감을 주도하고 매개하는 사람은 기업가이다. 그러므로 기업가는 꿈과 공감에 대한 확고한 신념이 있어야 한다. 다시 말해, 가치 창출과 사회 개선에 도전하는 꿈과 철학이 있어야 한다. 이러한 기업가의 꿈을 구성원이 존중하고 지키기 시작할 때 기업 문화가 만들어진다. 혁신은 이러한 기업 문화의 결과이다.

꿈(방향성)
: 운전자의 드라이버 휠

: 기업 존재의 이유
: 본질(Reality)

⇨ 동적 전환능력(Dynamic Capability)
⇨ 꿈은 진정성이 있어야
⇨ 꿈은 철학과 가치/미션에서 나온다

⇄

공감(행동력)
: 엔진의 힘

: 꿈의 실천
: 공유 프로그램(Detail)

⇨ 조직능력(Organizational Capability)
⇨ 권한 부여, 사람 육성, 공정
⇨ 사람의 열정을 유발

〈혁신성장 기업의 두 가지 축: 꿈과 공감〉

이처럼 기업가는 꿈을 이루기 위해 구성원과 함께 실천하는 사람이다. 자동차를 예로 들어보자. 아무리 힘 좋은 엔진이 있어도 핸들이 부실하면 사고가 날 수밖에 없다. 반면에 아무리 핸들이 좋아도 엔진이 부실하면 제대로 달릴 수 없다. 이를 조직에 비유하면 핸들은 목표와 방향을 관리하는 동적 역량(dynamic capability)이고, 엔진은 목표를 향해 움직이는 조직 역량(organizational capability)이라 할 수 있다. 목표와 방향을 관리하는 힘은 미션으로부터 나오고, 목표의 추진력이 되는 조직 역량은 공감에서 나온다. 이것을 도식화하면 다음과 같다. X축은 사람, Y축은 꿈이다. 성공한 기업가가 되기 위해서는 이 두 가지 축의 균형을 잘 잡아야 한다.

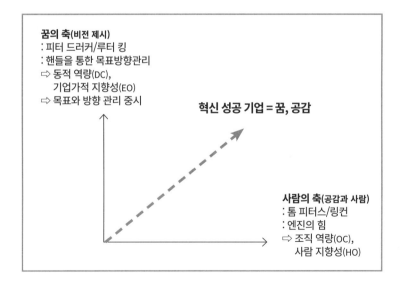

사람을 춤추게 하라

직원이 고수가 되면, 제품은 명품이 된다

사람은 비용이 아니라 창조의 원천이다. 그들을 춤추게 하라. 혁신
은 직원의 아이디어를 통해 실현된다. "혼자 가면 빨리 갈 수 있지
만, 함께 가면 멀리 갈 수 있다"라는 말이 있듯이 지속성장하는 회사
는 비즈니스와 관련된 사람을 행복하게 만들기 위해 노력한다. 직원
을 춤추게 하면 회사도 춤을 추게 된다.

　지구에서 가장 무거운 것이 무엇일까? 지구 그 자체이다. 아르키
메데스는 무거운 지구도 지렛대와 지렛목을 놓을 자리만 있다면 움
직일 수 있다고 했다. 모두가 어려워하는 혁신도 무엇을 지렛대와

지렛목으로 쓰는가에 따라 쉽게 이루어낼 수 있다.

혁신을 이루기 위해서는 지렛대와 지렛목에 모두 사람을 대입해야 한다. 지렛목이 '직원을 혁신의 원천으로 보는 시각'이라면, 지렛대는 '직원의 열정'이라 할 수 있다. 기업이 경영의 중심에 직원을 가져다 놓으면 직원은 단순 생산자에서 스스로 아이디어를 만들어내는 창조자가 된다. 이렇게 직원이 성장하면 자연스럽게 기업도 성장한다. 그리고 직원이 성장해서 고수가 되면 회사의 제품은 명품이 된다.

직원을 고수로 키워라

조셉 아운(Joseph Aoun) 미국 노스이스턴대 총장은 "우리는 매일 낡아가고 있다(We are becoming obsolete each day). 그러므로 우리는 평생 공부해야 한다"고 했다. 이는 또한 직원을 교육해야 할 이유이기도 하다. 자사 제품을 최고로 만들기 위해서는 직원을 최고로 만드는 것에서부터 시작해야 한다. 좋은 물건은 좋은 사람에게서 나오기 때문이다.

피터 드러커는 "기업은 학습하고 가르치는 교육기관이어야 한다"고 강조했다. 토요타자동차는 제품을 만드는 '모노 쯔꾸리(물건 만들기)'에 앞서 '히토 쯔꾸리(사람 만들기)'를 강조한다. 토요타자동차의 모노 쯔꾸리는 히토 쯔꾸리의 결과일 뿐이다.

다음의 한국토요타엔지니어링 구자옥 대표의 경험은 우리에게
시사하는 바가 크다.

"우리 현장은 공정불량이 왜 이렇게 많을까요?"
토요타 생산방식을 배우기 위해 일본에 함께 간 직원에게 받은 질문이
다. 직원은 품질 5스타, 품질 SQ, BIQS, 6시그마 등 품질을 높이기 위
해 갖은 노력을 하고 있지만, 토요타 부품업체의 공정불량율과 비교해
보니 차이가 크다고 했다.
이러한 차이는 어디서 오는 걸까? 바로 사람에게서 온다. 토요타 부품
업체의 현장 작업자, 반장, 조장의 업무 능력과 우리 회사 직원의 업무
능력은 큰 차이가 있다. 그러므로 우리 현장의 작업자, 반장, 조장의 능
력 향상을 위한 교육(히토 쯔꾸리)이 절대적으로 필요하다.

〈징기스칸〉
세계를 지배하려면 사람을 지배하여야 하고
사람을 지배하려면 사람의 마음을 사로잡아야 하노라

〈춘추전국시대 관자(管子)〉
하나를 심어서 하나를 거두는 것은 곡식이고(一樹一穫穀),
하나를 심어서 열을 거두는 것은 나무이며(一樹十穫木),
하나를 심어 백을 거두는 것은 사람(一樹百穫人)이다

인간의 기회주의 본성

기회주의적 인간들이 살아가는 이 세상을 움직이는 '3가지 손'이 있다. 이것은 인간이 사회를 이루어 살게 하는 메커니즘인데, '신의 손(God's hand)', '보이지 않는 손(invisible hand)', '보이는 손(visible hand)'이 바로 그것이다.

신의 손 시대

중세 시대까지는 기회주의적 인간이 신을 닮은 인간이 되도록 함으로써 사회에서 화합하며 살아가게 했다. 스콜라 철학이 대표적인데, 이것이 당시 사회를 움직였던 '신의 손'이다. 이 시기에 가장 중요했던 것은 바로 종교이며, 이에 따라 신학이 발달하게 됐다. 인간의 이기심을 억제해 사회 질서를 따르고 다른 이와 화합하도록 만들었기에 당시의 '신의 손'은 매우 적합한 철학이었다.

보이지 않는 손의 등장

그런데 중세 이후, 세상이 빠르게 변하면서 신의 손만으로 인간의 기회주의적 본성을 조절하기 어려워졌다. 그래서 인간이 함께 살아가도록 신은 '보이지 않는 손'을 만들어 주었다. 이것이 바로 아담 스미스의 '보이지 않는 손'이다. 보이지 않는 손은 인간의 이성으로 이기심을 통제하는 방법이다. 보이지 않는 손은 수요와 공급 과정에서 사회적 균형을 만들어 주는 손이다. 이는 경제학의 기초가 되었다.

보이지 않는 손에 바탕을 둔 경제학은 시장에 개인의 열정이 모여 사회적 생산력이 되는 현상을 잘 설명해 주고 있다. 그래서 경제학은 신학과 철학의 아들이라고 할 수 있다. 결국 눈에 보이지 않는 손은 시장을 통한 사회 발전과 자유방임 사상을 기초로 하는 자본주의를 만들기에 이르렀다.

보이는 손의 등장

'보이는 손(visible hand)[6]'은 '보이지 않는 손'이 제대로 작동하지 못하는 이른바 '시장 실패(market failure)' 상황에 등장한 손이다. 보이는 손에는 세 가지 손이 있다. 행정부의 손, 경영자의 손, 소비자의 손이 그것이다. 행정부의 손은 행정학을 만들고, 경영자의 손은 경영학을 만들고, 소비자의 손은 소비자학을 만들었다. 행정학은 행정부의 손을 통해, 경영학은 경영자의 손을 통해, 소비자학은 소비자의 손을 통해 시장 실패 상황을 고치고 해결하려 한다.

---

6) 보이는 손은 앨프리드 챈들러(Alfred Chandler)가 《보이는 손(The Visible Hand)》이라는 책에서 사용한 개념이다.

20년 이상 흑자 기업

일본 호세이 대학 사카모토 코우지(坂本光司) 교수가 회장으로 있는 '사람을 소중히 하는 경영학회'에서는 지난 40년간 7,000여 개 중소기업을 분석한 결과를 담은 책을 내고 있다. 2008년 이후 70만 권이 팔린 이 시리즈를 통해 사카모토 교수 연구팀은 20년 이상 지속해서 흑자를 내고, 매출액 대비 이익률이 5% 이상을 유지하는 기업을 분석했다. 그 결과 불황과 관계없이 꾸준한 이익과 일자리를 만들어 내는 중소기업은 직원을 소중히 여기고, 행복하게 느끼도록 해 준다는 특징이 있는 것으로 나타났다[7]. 이른바 '사람중심 경영'을 하는 기업들이다.

일본 국세청의 2012년 보고서에 따르면, 386만 개의 일본 기업 가운데 70% 이상이 이익을 내는 데 실패했다. 적자를 내는 기업은 대부분이 기업 내부 문제가 아니라 외부 상황이 좋지 않기 때문이라는 반응을 보였다. 불경기, 정부 정책, 업종 자체의 불황 등을 이유로 들거나 교외에 큰 쇼핑센터가 생긴 탓이라는 식으로 변명했다.

과연 외부 상황만이 문제일까? 업무 성과가 좋지 않다는 이유로 정리해고를 하거나, 거래처나 협력업체를 압박하는 기업은 예외 없이 좋지 않은 결과를 내고 있었다. 이는 사람을 중시하는 것이 아니

---

7) 김기찬, "종업원을 춤추게 하라, 그러면…", 《중앙선데이》, 2017. 05. 14.

라 업무 성과를 중시하는 '사업중심 경영'의 한계였다.

사카모토 교수 연구팀의 분석 결과, 일본의 잃어버린 20년의 기간에도 직원의 행복을 중시한 곳이 성공 가능성이 높았다. 이는 미국의 웨그먼스 효과와 같이 사업중심 기업보다 사람중심 기업이 혁신성장의 잠재력이 높다는 것을 의미한다.

이제까지 경영학의 정설은 주주 또는 고객이 가장 중요하다는 것이었다. 사원과 협력업체 직원은 이들을 위한 도구, 수단이라고 생각했다. 또 장애인 등 사회적 약자에 대한 고용과 책임은 경제적 여유가 있는 회사가 사회적 책임의 차원에서 나서야 한다고 생각했다.

그러나 사카모토 교수 연구팀의 연구 결과는 '주주 및 고객'이 아니라 '직원과 협력업체'에 마음을 다해야 한다는 것을 보여주고 있다. 기업의 리더가 가장 중시해야 하는 사람은 주주 또는 고객이 아니라 사원과 그 사원을 열심히 지지하는 가족이다. 직원은 도구나 수단이 아니라 소중한 동반자라는 철학이 있어야 한다.

이런 사람중심 기업은 품질과 납품기한에는 엄격하지만, 거래처와는 따뜻한 정이 있는 관계를 유지한다. 반면, 사업중심 기업은 고객에게 가치 있는 제품의 개발과 공급만을 강조한다. 이들은 사업성과를 높이기 위해 경쟁 업체를 이기는 데 모든 힘을 쏟아붓는다. 하지만 사람에 대한 고려 없이는 일시적으로 사업성과가 개선될지는 몰라도, 지속가능하기는 어렵다. 오히려 사람중심 기업이 직원의 몰입과 헌신을 통해 혁신과 성과를 일궈낸다.

혁신성장 사례[8]

어려운 경제 상황에도 혁신하고 성장하는 회사들이 있다. 미국의 웨그먼스 푸드마켓이나 일본의 이나식품공업, 미라이공업, 한국의 여의시스템, 마이다스 아이티 등이다. 이들 기업의 공통점은 직원의 몰입도가 높고 그들의 아이디어가 혁신성장의 힘이 되고 있다는 것이다.

웨그먼스 푸드마켓

웨그먼스 효과로 알려진 미국의 웨그먼스 푸드마켓을 보자. 유통업계 최고 효율을 자랑하는 월마트에 밀리지 않고 점포당 매장 매출액이 월마트보다 더 높은 식료품 체인점이다. 우리 동네에 제발 매장을 열어 달라는 요청이 쇄도하는 회사이다. 웨그먼스가 이렇게 괄목할 만한 성장을 할 수 있었던 것은 직원, 그리고 지역 사회와 공감했기 때문이다. 웨그먼스는 직원에게 업계 평균보다 25% 정도 많은 급여를 주고 최고의 복지를 제공한다. 그런데도 회사는 매출과 이익, 생산성 측면에서 최고를 자랑한다. 사람의 헌신과 기업의 혁신이 선순환하고 있는 사례이다.

---

8) 김기찬, 국민경제자문회의 위원기고 칼럼 참조. https://www.neac.go.kr

이나식품공업

일본에는 잃어버린 20년에도 불구하고 50년 이상 적자 없이 성장하고 있는 이나(伊那)식품공업이 있다. 주력 제품은 해조인 우뭇가사리를 가공해(우무, 한천) 만드는 젤리이다. 이렇게 평범한 제품을 만드는 식품회사가 어떻게 50년 이상을 지속성장할 수 있었을까? 그 비결은 츠카코시 히로시(塚越寬) 회장의 사람중심 기업가정신에 있다. 히로시 회장은 기업의 성장은 기계가 아니라 사람이 한다는 믿음을 가지고 있다. 기계는 정해진 일만 하지만, 사람은 생각이 달라지면 2~3배의 능력을 발휘할 수 있다고 믿는다. 이러한 경영철학이 직원의 열정을 일으켜 기업의 성장엔진이 되었다. 이나식품은 일본 시장점유율 1위(80%)이자 세계시장 점유율 1위로, 2013년 기준 매출이 1,800여억 원에 이르고 있다.

미라이 공업

대기업 마쓰시타를 제치고 전기설비 재료 분야에서 일본 시장점유율 1위를 달리고 있는 중소기업 미라이공업이다. 이 분야는 다른 기업이 쉽게 생산할 수 있고 경쟁이 치열하여 동종업계 영업이익률이 3% 전후로 낮음에도 불구하고, 미라이공업은 1965년 창업한 이래 늘 15% 이상의 높은 영업이익률을 올리고 있다. '실생활에 도움이 되도록' 소소한 부분에서 직원의 아이디어로 편리성을 개선한 제품 덕분이다. 예를 들어, 콘덴서 박스에 알루미늄 테이프를 붙여, 고장 났을 경우 금속탐지기로 쉽게 위치를 찾을 수 있는 아이디어 상품 등이 있다. 미라이공업의 제품은 경쟁사 제품보다 가격이 30% 높은 데도 건설 현장에서는 대환영을 받는다.

이처럼 미라이공업은 직원의 아이디어로 혁신기업이 되었다. 많은 날은 하루에 20~30여개씩 직원 제안이 올라온다. 미라이공업 제품의 90%가 미라이공업 특허상품인 이유다. 이런 회사는 중국과 같은 신흥국 기업이 저가 제품을 양산하더라도 시장에서 밀릴 이유가 없다. 사람중심 기업의 선순환 경영이다.

마이다스 아이티

소프트웨어 설계 창업으로 성공한 마이다스 아이티도 '사람에게서 혁신의 답'을 찾고 있다. 마이다스 아이티는 이형우 대표가 2000년 포스코 사내벤처 1호로 창업하여 외국산 설계 소프트웨어의 국산화에 성공했다. 이형우 대표는 시간이 지날수록 직원의 열정이 떨어지고, 이직률이 높아지는 기업 혁신의 한계를 경험하였다. 이후 이형우 대표는 '사람의 열정을 어떻게 끌어낼 수 있을까'를 고민하면서 지금까지 사람중심 경영을 실천해오고 있다.

덕분에 국내시장은 물론 해외시장에까지 뛰어들어 매출의 50%를 해외에서 기록하고 있다. 내진 설계를 중시하는 일본 시장에서 건축 안전 설계를 지원하는 소프트웨어를 개발하여 성공하였으며, 중동, 중국, 미국 등 세계 건설설계 시장에서 가장 많이 팔리는 프로그램으로 자리 잡아가고 있다. 이 회사가 개발한 소프트웨어 '마이다스(MIDAS)' 프로그램은 아랍에미리트(UAE)의 부르즈 칼리파, 사우디아라비아의 킹덤타워 등 세계적인 건축물을 짓는 데 사용되었다. 지금은 건설설계 소프트웨어 시장에서 세계시장 점유율 1위 회사가 되었으며, 매년 1천억 원 정도 매출을 올리고 있다.

혁신성장 벡터의 3요소

스탠퍼드 대학의 제프리 페퍼(Jeffrey Pfeffer) 교수는 그의 저서 《사람방정식》을 통해 인재를 키우고 인재를 끌어모으는 사람중심 경영을 강조했다. 혁신성장에 성공한 기업은 사람을 비용이 아닌 아이디어와 혁신의 원천으로 여긴다는 공통점이 있다. 이들 회사에는 사람중심 3E가 있다. '공감(empathy), 권한 위임(empowerment), 인재육성(enablement)'이 그것이다. 이것이 기업의 혁신을 만들어내는 사람중심 경영의 핵심 3요소이다.

 물리학에서 힘은 물체의 모양과 상태를 변화시키는 영향력을 말한다. 그 힘을 벡터로 표현한다. 벡터는 힘의 작용점, 힘의 크기, 힘의 방향에 의해 결정된다. 사람중심 경영의 3요소가 기업 혁신을 만들어내는 힘이 되기 위해서는 벡터의 3요소가 되어야 한다. 다시 말해,

혁신성장을 위한 힘의 3요소(three elements of force)가 되어야 한다. [9]
3E 요소는 독립적으로 존재하는 스칼라이기보다는 벡터가 될 때 혁
신변화의 힘을 만들어낸다. 혁신성장에 성공한 기업은 3가지 요소
를 개별적 요소로 보기보다는 상호작용하는 통합적 요소로 인식하
고 있다.

명령에 의해 움직이는 조직은 킹덤이며, 팬들의 열정으로 움직이
는 조직은 팬덤이다. 공감, 권한 위임, 직원육성의 3요소는 기업을
직원들의 열정으로 움직이는 조직으로 만든다. 팬덤화된 직원의 열
정이 높아질수록 기업 혁신의 3요소인 선행적 행동(proactivity), 위험
감수(risk taking), 혁신성(innovativeness)이 활성화된다. 지속해서 혁신
에 성공하는 기업일수록 사람지향성과 혁신지향성이 통합적으로
선순환한다.

혁신성장 벡터의 3요소를 좀 더 자세히 살펴보자.

공감(Empathy)

기업의 비전에 직원이 공감해야 한다. 비전 공감은 혁신벡터(혁신
힘)의 방향(direction of force)이 된다. 기업의 비전이 혁신을 만들어내
는 힘의 방향이 되기 위해서는 직원이 공감하고 동참하게 하는 것이

---

9) 마이다스 아이티에서 사람중심 경영의 핵심원리로 벡터의 3요소를 강조하고
있다. (마이다스 아이티 이형우 대표 인터뷰에서)

중요하다. 미래를 향한 꿈과 비전 제시 없이는 직원이 혁신에 참여하기 어렵다. 꿈은 우리가 땀 흘리고 열정을 불태워야 할 이유이다. 공감은 직원을 기업의 꿈에 참여하고 도전하게 한다. 회사의 비전에 대한 공감이 클수록 직원은 혁신 활동에 적극적으로 관여하고, 공감이 낮을수록 혁신 활동에 저항하거나 태만하게 된다.

권한 위임(Empowerment)

권한 위임의 크기가 곧, 혁신벡터(혁신힘)의 크기(magnitude of force)이다. 권한을 위임한 만큼 직원의 주인의식과 열정을 불러일으킬 수 있기 때문이다. 열정이 커지면 미리 혁신하고 선제적으로 대응할 수 있는 힘이 생긴다. 기업의 성패는 선제성과 민첩성(proactivity), 즉 속도 싸움에 달려 있다.

그렇다면 어떻게 직원의 마음을 타오르게 할 것인가? 직원에게 자주적인 의사결정과 권한을 주어야 한다. 직원이 자주성을 가지면 주인의식과 창의성이 생기고, 자발성을 가지면 혁신을 위한 협력의식이 생긴다.

인재육성 및 역량개발(Enablement)

사람을 키우는 인재육성 의지는 혁신벡터(혁신힘)의 작용점(acting point of force)이다. 작용점은 힘이 어느 부분에 작용하느냐 하는 것을 말한다. 벡터의 힘은 가하는 작용점에 따라 다른 효과가 생긴다.

축구공의 중앙을 차면 회전 없이 곧게 간다. 하지만 같은 크기, 같은 방향의 힘으로 옆 부분을 차면 공이 회전하여 다른 방향으로 간다. 혁신을 위한 힘이 작용하는 위치는 인재로부터 시작해야 한다. 작용점은 힘의 크기와 방향을 지켜내는 인프라이다. 사람을 키우겠다는 기업의 의지가 중요한 이유이다.

혁신성과가 크고 지속적인 기업일수록 사람중심 경영의 3E 벡터가 조화롭게 작동한다. 조직을 혁신하는 힘은 사람에게서 나온다. 업무에 몰입하고 혁신에 적극적으로 참여하는 직원을 '기업가형 직원(entrepreneurial employee)'이라 한다. 이들의 아이디어가 혁신의 원천이 된다. 이렇게 직원이 혁신에 참여하도록 동기부여 하는 정도를 '사람 지향성(humane orientation)'이라 한다. 그리고 사람 지향성을 바탕으로 기업가형 혁신을 지향하는 정신을 '사람중심 기업가정신'이라 한다.

04
·········

독불장군식 기업가정신은
이제 그만

비전 공감과 직원의 긍지

독불장군(self-righteous man)식 기업가정신이 더는 통하지 않는 사회
가 오고 있다. 이제는 아집, 혈기(self will)가 아닌 공감(empathy)으로
경영해야 한다.

1982년 똑같이 시중은행으로 설립한 한미은행과 신한은행이 있
다. 한미은행은 직원에게 거액의 연봉을 주었지만 몰락했고, 상고
출신 직원들의 꿈을 키워준 신한은행은 조흥은행을 인수하여 현재
최고의 은행이 되었다. 물론 한미은행이 직원에게 돈을 많이 주었
기 때문에 몰락했다는 말은 아니다. 돈보다 중요한 것은 직원과 공

감하고 성과와 비전을 공유하는 것이다. 시간이 흐르면 이런 회사가 결국은 연봉도 더 많이 주게 된다. 그러니 돈을 많이 주는 회사와 직원의 꿈을 키워주는 회사 중 어느 회사를 선택해야 할지는 자명하다.[10]

언론과 회사 관련 인터뷰를 할 때 긍지를 느끼는가? 직원과 기업의 미래에 대해 소통하고 있는가? 이런 것이 없다면 독불장군식 기업일 가능성이 크다. 독불장군식 기업에는 공감(empathy)이라는 개념조차 없다. 이런 기업의 직원은 꿈을 실현하기 위해 직장 생활을 하는 것이 아니라 돈을 벌기 위해 시간 때우기식 노동을 하고 있을 가능성이 높다.

오너가 모든 것을 좌지우지하는 조직에서 직원이 자기의 역량과 아이디어를 회사를 위해 쏟아부을 수 있을까? 이런 조직일수록 오너는 창조보다는 모방을, 기술혁신보다는 공정개선에 몰입한다. 그러다 오너가 힘에 부치면 회사는 무기력해지고 경쟁력이 없어져 시장에서 사라지고 만다.

우리 눈앞에 다가온 4차 산업혁명 시대는 생산성이 아니라 창조성으로 기업의 생존이 결정되는 시대다. 사람이 더 중요한 시대다.

---

10) 김기찬, 독불장군식 기업가정신은 이제 그만: 직원과 공감하고 성과를 공유하는 경영, 〈중앙선데이〉, 2017. 4. 2.

우버, 에어비앤비, 알리바바는 공정개선이 아니라 아이디어형 비즈니스 모델 혁신으로 급성장했다. 그러므로 생산은 로봇에게 맡기고 기업은 사람의 아이디어에 매달려야 한다. 기업이 직원과 공감하면 그들이 주체가 되어 지속성장의 해답을 내놓을 것이다.

돈이 많다고, 좋은 기술을 가지고 있다고 해서 좋은 기업이라 할 수 없다. 좋은 기업은 직원이 꿈을 가지고 즐겁게 일하는 기업이다. 물론 돈과 기술도 중요하다. 다만, 사람을 우선순위의 가장 앞자리에 놓아야 한다. 기업은 돈, 사람, 기술의 3대 자원을 돈<기술<사람 순으로 관리해야 한다. 옛말에 "산이 높지 않아도 신선이 살면 명산이고(山不在高 有仙則名), 물이 깊지 않아도 용이 있으면 신령스럽다(水不在深 有龍則靈)"고 했다. 마찬가지로 좋은 직원이 있는 기업이 좋은 기업이다.

일이란 무엇인가?

경제의 출발은 일하는 것에서 시작한다. 일은 돈보다 우선한다. 그러므로 최고의 복지는 사람에게 일거리를 주는 것이다. 인도의 간디는 사회를 병들게 하는 일곱 가지 사회악 중 한 가지로 '일하지 않고 누리는 부'를 꼽았다.

일하지 않으면 개인도 사회도 파괴된다. 사람은 일함으로써 존재감과 성취감을 느끼고, 사회 일원으로서 소속감을 갖는다. 그런데 돈으로 일을 통제하는 것은 낮은 길(Low Road)이다. 일은 다른 사람과 관계 맺는 도구여야 한다. 일은 타인의 필요에 반응하는 것이다. 사람은 타인에 반응할 때 행복을 느낀다.

같은 일이라도 몸으로만 하는 일은 직원이 긍지를 느끼기 어렵다. 사람의 능력은 몸과 마음과 머리를 함께 사용할 때 최고로 발휘된다. 그래서 피터 드러커는 "지식사회로 이행할수록 육체노동자가 지식노동자로 변모할 수 있게 경영이 도와주어야 한다"고 강조했다.

지식노동자는 이제 더 이상 상사의 감독 대상이 아니다. 조직은 수평적으로 재편돼야 하고, 조직원에게 권한위임이 이루어져야 한다. 이 과정에서 지식은 새로운 형태의 권력이 된다. 따라서 지식노동자는 불가피하게 평생학습을 해야 한다.

직업으로서의 일, 소명으로서의 일

직업은 돈 받은 만큼 일하는 것이고, 소명은 돈과 관계없이 일하는 것이다. 꿈이 없는 기업에서는 직원이 '직업'으로 일을 하지만, 꿈이 있는 기업에서는 '소명'으로 일한다. 기업의 꿈이 곧, 자신의 꿈이기 때문이다.

자본주의 기업은 기업이 강조하는 것에 따라 다음처럼 세 가지 유형으로 나눌 수 있다. 기술을 강조하는 기술자본주의 기업, 돈으로 인센티브를 강조하는 돈자본주의 기업, 사람의 꿈을 키워주는 꿈자본주의 기업이다. 이중 어떤 유형의 기업이 더 성공할까?

　　스탠포드 대학의 배론과 해넌(Barron & Hannan) 교수는 실리콘밸리 기업을 대상으로 7년간 종단적 연구((longitudinal study)를 했다. 그 결과, 금전적으로 보상하는 돈자본주의 기업이나 기술로 경쟁하는 기술자본주의 기업보다 사랑의 공동체로 몰입도가 높은 꿈자본주의 기업이 경영 실패의 가능성이 적고 경영 성과도 대체로 크다는 것을 밝혀냈다. 다시 말해, 배론과 해넌 교수는 실리콘밸리의 첨단 신생업체 그룹인 SPEC(the Stanford Project on Emerging Companies)의 발전 과정을 추적하여 직원의 헌신을 끌어내는 사람중심 기업가정신을 가진 기업이 다른 유형의 기업에 비해 지속성장할 가능성이 높다는 것을 확인해 준 것이다.

직원과 공감하라(Empathize)

기업의 꿈에 직원이 공감하면 어떤 일이 일어나는지 다음 예를 통해 살펴보도록 하자.

돈의 한미은행과 꿈의 신한은행

앞서 잠시 언급했던 한미은행과 신한은행에 대해 좀 더 자세히 알아보자. 당시 한미은행은 영어 면접을 통해 엘리트를 모집하고 최고 연봉을 주었다. 스타(star) 모델을 지향한 것이다. 그래서일까? 한미은행에는 넥타이 매고 월급 자랑하는 거만한 사람이 많았다. 반면 신한은행은 상고 출신을 많이 뽑았다. 입사 면접 때는 "신한은행에 들어와 제일 해보고 싶은 것이 무엇인지" 물었다. 즉, 지원자의 꿈을 물은 것이다. 신한은행의 고객 중에는 시장에서 좌판을 벌여놓고 장사하는 상인 등 서민의 비중이 높았다. 상고 출신 입사자들은 이들과 공감하고 협력했다. 덕분에 상인과 은행 모두 크게 성공했다.

이처럼 비범한 사람이 주류를 이룬 거만한 기업은 실패하고, 평범하지만, 꿈을 가진 사람이 주류를 이룬 회사는 비범한 회사로 컸다. 보통사람도 열정이 생기면 엄청난 에너지를 만들어 낸다. 사람 중심 기업이 돼야 하는 이유이다.

〈사례 2〉

기업의 존재 이유에 대한 질문에서 시작한 ST유니타스

한국이 가장 잘하는 것이 무엇일까? IT와 학원이다. 이 두 가지를 융합하여 2010년 1,900만원의 자본금, 20명의 직원으로 시작해 교육 업계의 판도를 바꾼 회사가 있다. 바로 ST유니타스다. 창업 6년 만에 매출은 25억에서 4,000억으로 160배, 직원 수는 20명에서 1,200명으로 60배 늘었다. 최근에는 미국 최고의 교육 브랜드 프린스턴리뷰를 인수해서 세계 20여 개국에 진출할 계획을 세우고 있다.

에듀 테크 플랫폼(Edu Tech Platform) 회사로 확고히 자리 잡은 ST유니타스는 창업 전에 회사가 존재해야 하는 이유에 대해 먼저 고민했다. '이 회사는 왜 존재해야 하나? 우리는 왜 이 회사에 다녀야 하나?'라는 질문을 무려 6개월 동안 붙잡고 있었다.

그러다가 '돈 때문에 꿈을 이루지 못하는 이들이 없도록 하자'는 꿈을 가지고 이에 동조하는 사람끼리 모여 창업했다. 이들은 수강료가 싼 회사, 수강료를 계속 내리는 회사, 목표점수에 도달한 학생과 모든 강의에 출석한 학생에게는 수강료를 100% 환불해 주는 회사를 목표로 삼았다.

그런데 사장이 돈에 관심이 없으니 직원들이 걱정하기 시작했다. '과연 이 회사가 생존할 수 있을까?' 하는 걱정이었다. 그런데 직원들의 걱정과는 달리 고객이 몰려들고 회사의 매출은 급증했다. '작은 장사는 이문을 남기고, 큰 장사는 사람을 남긴다'는 사실이 입증된 것이다.

ST유니타스가 고객에게만 집중한 것은 아니다. ST유니타스는 '직원들이 꼭 9시까지 출근해서 5시에 퇴근해야만 하는가'에 의문을 품었다. 그래서 ST유니타스는 출퇴근 시간을 정하지 않았다. 직원들은 원하는 시간에 출근하고 퇴근한다. 야행성이 많은 디자인팀은 시간을 조절하여 밤에 일하는 것도 가능하다. 사무실 분위기도 저녁에는 조명을 어둡게 하고 음악을 틀어 그들의 취향에 맞췄다. 그뿐만 아니라 회사 내에서는 킥보드를 타고 다닐 만큼 직원들은 자유로운 분위기에서 일한다. 이렇게 자유분방한 직원들이지만, 회사의 일이 우리 모두의 일이라는 강한 유대감이 있다.

또한, 일에 대한 열정이 식지 않도록 '함께' 사회적 가치를 추구한다. 회사 역시 수익을 직원에게 적극적으로 재투자한다. 직원과 기업이 서로 맞물려 발전하는 선순환이 일어나고 있는 것이다.

〈사례 3〉
사람에 투자하니 기계가 고장 나지 않더라, 아진산업

명장이 되려면 어떻게 해야 할까? 명졸을 키우면 된다. 아진산업 서중호 대표는 이런 생각으로 장비가 아닌 사람에게 투자했다. 아진산업이 사람에 투자하자 장비 고장률이 현저히 감소했다. 20년이 된 기계도 고장 없이 잘 돌아갔다.

이처럼 서중호 대표는 설비나 기술보다 사람을 우선시하는 철학을 가지고 있다. 이런 철학 아래 기업을 인수할 때도 모든 직원을 인수하였다. 또한, IMF 외환위기 때에도 구조조정을 하지 않았다. 아진산업 직원들은 IMF 외환위기, 2008년 금융위기로 일거리가 없을 때, 한마음 한뜻으로 기계를 닦고 손질했다. 이것이 오늘날 아진의 경쟁력이 되었다.

아진산업의 대졸 초임은 5,000만 원대에 육박하고 있다. 삼성전자나 현대자동차 수준의 연봉이다. 이뿐만이 아니다. 직원에게 다양한 해외연수 기회 등 최고의 복지를 제공하고 있다. 이처럼 사업만 잘하려고 하는 회사가 아니라 사람을 잘 키우는 회사가 되어야 사업도 성공할 수 있다.

서중호 대표의 집무실은 항상 문이 열려 있다. 비서실도 없다. 그는 일일이 보고받는 시스템에서 탈피하여 수시로 돌아다니면서 직원의 관심사나 아이디어를 청취한다. 한마디로 그는 직원을 감독하는 슈퍼바이저가 아니라, 직원의 능력을 조정하고 마음껏 발휘하게 하는 지휘자다.

아진산업은 미래에 대한 투자도 게을리하지 않는다. 매출액의 6% 이상을 연구개발에 투자하고 있다. 또한, 고졸 사원에게는 대학과 연계하여 업무 후 3시간 학습기회를 제공하는 일학습병행제를 실시하고 있다.

아진산업은 사회 공헌도 중요시한다. 서중호 대표는 기업을 흥하게 하여 세상에 보답하는 '흥업보세'를 실천하려고 노력한다. 이를 위해 장애인 체육 지원과 중증장애인 후원 사업을 하고 있으며 그리고 한국전쟁 참전용사 감사행사를 매년 개최하고 있다. 이처럼 기업가는 직원과 꿈을 공유하고, 공감하고, 실천해야 한다.

사람가동률을 높여라

한국 기업의 가장 큰 문제는 사람가동률이 낮다는 것이다. 혁신과 아이디어의 원천은 사람인데, 늘 기계와 장비만 중시한다. 앞서 얘기했듯이 한국경제는 창조성(creativity)이 생산성(productivity)보다 중요한 혁신주도형 단계의 문턱에 있다. 그런데 창조와 혁신을 주도해야 할 직원의 업무몰입도가 너무 낮다. 지금이라도 직원이 기업에 공감하게 하고(empathizing), 주인의식을 가지고 일할 수 있게 해야 한다.

지금 모든 국민이 관심을 가지고 있는 4차 산업혁명 정책도 기업 정책이 아니라 기업가 정책이나 직원 정책으로 바꿔야 한다. 그런데 4차 산업혁명 준비가 법 만들기 경쟁으로 변질되고 있다. 제도는 선순환을 만드는 마중물 역할로 끝나야 하는데, 국회나 정부기관이 법과 제도를 너무 많이 만들어내고 있다.

제도가 많아지고, 강해지면 기업가의식은 하락한다. 한국은 기업가정신이 공무원정신으로 바뀌면서 관료형 경제가 돼 가고 있다. 4차 산업혁명 시대는 위험 회피가 아닌 위험에 도전해야만 하는 시대이다. 기업가에게 그 역할이 돌아가도록 정부나 국회는 지원자가 되어야 한다. 또한, 국가 지도자는 기업가에 의한 고용창출에 관심을 가져야 한다. 공무원 증원을 통한 고용창출은 한계가 있다.

4차 산업혁명 시대는 인재 유입과 인재 몰입의 싸움으로 요약할 수 있다. 직원이 주도적으로 아이디어를 내고 일에 몰입하는 기업만이 4차 산업혁명 시대를 주도할 수 있다.

자동차 산업 강국 하면 대부분 독일을 떠올린다. 그런데 독일의 자동차 산업계에서는 완성차 업체가 아니라 부품 업체가 '갑'이다. 특히, 보쉬(Bosch)가 독보적이다. 신기술 개발과 해외영업에 강점을 보이기 때문이다.

보쉬의 창업자 로버트 보쉬(Robert Bosch)는 "기술은 사람에게서 나오므로, 회사는 사람을 키워야 한다"고 강조한다. 결국 혁신성장의 키워드는 '사람'이다. 사람에 대한 교육훈련을 강화하고 이들이 고수가 되도록 해야 한다.

독일은 사람을 평생 키운다. 이렇게 평생교육을 받는 사람들이 기술을 개발하고 신제품을 만든다. 영업도 주로 엔지니어링 세일즈를 한다. 해외 입찰에서 높은 기술력을 앞세운 독일 기업의 수주 능력은 뛰어나다. 반면에 한국 기업에는 체면 문화 때문인지 영업보다는 기획에 인재가 많이 몰린다.

지금이라도 늦지 않았다. 모방과 노동의 비즈니스 모델을 사람과 혁신의 비즈니스 모델로 바꾸어야 한다. 천연자원이 부족한 우리나라는 사람의 힘으로 경제를 이끌어 왔다. 앞으로도 마찬가지다. 사람의 역량을 한 단계 더 키워 새로운 발전의 원동력으로 삼아야 한다. 그리고 이렇게 길러진 인재가 기업의 혁신성장에 더 많이 참여할 기회를 주어야 한다.

기업가는 구성원과 함께 꿈꾸고
실천하는 사람이다

기업가는 구성원과 함께
꿈꾸고 실천하는 사람이다

인간의 역사를 살펴보면 협력과 갈등의 연속이라는 것을 알 수 있다. 인류는 협력이 이루어졌을 때 진보했고, 갈등이 일어났을 때 퇴보했다. 시장도 이와 비슷한 양상을 보인다. 인간의 기회주의적 본성 때문에 시장은 협력에 실패하는 경우가 많다. 그러나 앞으로 나아가기 위해서는 협력해야 한다. 협력은 시너지 효과와 포지티브 섬(positive sum)을 만들고, 혁신과 성장으로 이어지기 때문이다. 그러므로 기업가는 사람의 협력을 끌어내는 힘이 필요하다. 협력을 끌어내는 힘은 꿈과 미션에서 나온다.

잭 웰치의 최고 멘토였던 피터 드러커는 '왜 사업을 해야 하는가?'를 묻는다. 기업의 미션이 무엇인지 묻는 말이다. 이런 질문을 해야 사업이 무엇을 목표로 하는지 정의할 수 있다. 미션은 기업이 이 세상에 존재해야 하는 이유이자 업(業)의 본질이다. 미션은 기업의 나침반이 되어 미래를 향한 긴 항해를 할 수 있도록 도와준다.

꿈과 희망은 산소처럼 보이지는 않지만, 우리의 삶을 지탱해 주는 에너지이다. 혁신성장에 성공한 기업의 특징은 방향성 싸움에서 실패하지 않았다는 것이다. 그래서 장수에 성공하는 기업은 미시적인 경영 전략보다 경영의 목적과 사명 등을 중요시한다.

기업의 존재 이유가 되는 미션이 없으면 기업은 이익만을 추구하는 곳이 되기 쉽다. 이러한 기업들은 상황에 따라 일희일비하고 우왕좌왕한다. 피터 드러커가 경영의 핵심으로 '기업의 존재 이유', 즉 '미션'을 강조한 것에는 다 이유가 있다.

〈기업가적 사고의 시작 1〉
미션은 절실하고 담대한 것이어야 한다

기업의 미션은 사회가 안고 있는 문제를 찾아서 이것을 혁신적으로 해결하고자 하는 데 있다. 기업은 미션을 통해 사회에 희망을 줄 수 있어야 한다. 혁신에 성공한 기업가는 대부분 꿈이 담대하고, 세상을 변화시킬 수 있는 구체적인 방향을 제시하고 있다. 특히, 나 혼자 돈 벌어서 잘 사는 것보다는 사회와 사람에 대한 관심이 크다. 이에 비추어서, 좋은 미션인지 아닌지 알기 위해서는 다음과 같은 질문을 던져야 한다.

첫째, 거대한가(massive)?

둘째, 변화를 불러오는가(transformative)?

셋째, 절실한 목적의식이 있는가(purposeful)?

거대하고(massive), 세상을 바꿀 만한 이유(transformational purpose)가 있을수록 사회의 반응을 끌어내기 쉽다. 예를 하나 들어보자. 싱귤레리티 대학(Singularity University)은 '살만한 지구를 만들겠다'는 큰 꿈을 가진 대학이다. 이런 조직은 경제적 가치뿐만 아니라 사회적 가치를 추구한다. 2008년 실리콘밸리에 설립된 싱귤레리티 대학은 10년 안에 10억 명의 삶을 바꾸고 싶은 창업가를 키우겠다는 목표를 가지고 있다. 싱귤레리티 대학 설립자인 피터 디아만디스(Peter Diamandis)는 이 꿈을 '거대전환목적(MTP: Massive Transformational Purpose)'이라 불렀다[11].

---

11) Berman, Alison E. (2016), The Motivating Power of a Massive Transformative Purpose
By - Nov 08, 2016, https://singularityhub.com/2016/11/08/the-motivating-power-of-a-massive-transformative-purpose/#sm.001qx5k671bboensqzz2avbbzl8oq

이처럼 사람을 움직이는 '이유(MTP)'가 있는 조직의 구성원은 자부심과 열정이 넘쳐난다. 많은 기업가가 열정을 불러일으킬 만한 거대한 변화와 사람을 움직이고 공감할 만한 미션을 만들기 위해 고심하고 있다.

TED는 '퍼질 가치가 있는 아이디어(Ideas worth spreading)', 구글은 '세계의 정보를 정리하라(Organize the world's information)', 테슬라는 '지속가능한 교통수단으로 전환을 가속화하라(Accelerate the transition to sustainable transportation)' 등의 미션을 제시하고 있다.

〈기업가적 사고의 시작 2〉
진정성과 공감

미션은 기업가 개인의 것이 아니라 조직의 것으로 만들어야 한다. 기업가의 꿈은 나 혼자만의 꿈이 되어서는 안 된다. 구성원과 공감하고 함께 실천할 수 있어야 한다. 그러려면 진정성 있는 꿈이어야 한다. 구성원이 진정성 있는 꿈을 확고하게 믿을수록 강한 힘을 발휘한다.

혁신성장에 성공한 기업은 하나같이 이렇게 사람과 사람의 마음이 맞는 조직이 있었다. 공유경제의 대명사로 불리는 에어비앤비가 급성장한 비결은 '세상 어디에서나 우리 집처럼(Belong anywhere)'과 같은 미션에 공감하는 사람들이 찾아갔기 때문이다. 진정성 있고 공감할 수 있는 미션은 사람을 불러 모으고 움직인다.

유니클로 창업자 야나이 다다시(柳井正)는 피터 드러커로부터 영감을 받아 '옷을 바꾸고, 상식을 바꾸고, 세상을 바꾸고 싶다'는 거대한 목표를 정했다. 그는 이 꿈에 공감하는 직원들이 업무에 적극적으로 참여하도록 만들어가고 있다. 이른바 '전원(全員) 경영'이다. 그는 점장과 점원은 샐러리맨이 아니라 자신의 사업을 하기 위해 회사에 나온다고 여겼다. 이렇게 유니클로는 임직원이 똘똘 뭉쳐 히트텍(발열 내의), 에어리즘(여름 내의), 후리스(방한 재킷) 등을 연달아 히트시키며 세계인의 라이프스타일을 변화시켰다. 유니클로의 진정성 있는 꿈에 고객도 공감하고 동참한 것이다.

기업가정신의 반대말은?

기업가정신의 반대말은 무엇일까? 관리자정신이다. 기업가를 '미래의 꿈과 새로운 시장에 도전하는 사람'이라고 한다면, 관리자는 '현재의 돈과 규정을 관리하는 사람'이라 할 수 있다. 기업가는 경계(border)를 넘어서서 위험에 도전하지만, 관리자는 경계를 만들어 위험을 피하는 데 집중한다.

지난 60년간 우리나라 기업을 이끌어 온 것은 기업가정신이다. 1960년대 아무것도 없던 시절, 우리 기업가들은 원대한 꿈을 품고 무에서 유를 만들어 냈다. 모두가 이루어지기 힘들 것이라고 했지만, 결국은 자동차를 만들고 반도체를 만들었다.

이렇게 기업가정신으로 무장한 기업인이 경제를 일으키고, 젊은 이에게 일자리를 만들어 주었다. 그런데 지금의 대한민국은 미래의 꿈에 도전하는 기업가정신보다는 현재의 비즈니스를 지켜내는 관리자정신이 지배하고 있다.

354만 개에 이르는 우리 중소기업 대부분은 해외 신시장에 도전하기보다는 국내시장을 지키는 데 안간힘을 쓰고 있다. 기존 시장에서 중국 등 신흥기업의 도전에 대응하기 위해 도전보다는 관리에 초점을 맞추고 있다. 그러나 국내시장에 의존하다 보니 갈라파고스화가 심화하여 글로벌 경쟁력이 떨어지고 있다. 그나마 국내시장도 해외기업의 진출로 경쟁이 격화되고 있다. 중소기업의 기업가정신 회복 없이는 한국경제가 활력을 찾기 어렵다. 기업가정신의 부활이 간절한 이유다.

꿈이 없으면, 도전도 없다

기술혁신의 주기가 짧아지고 있다. 기업 진화의 속도가 단축된 만큼 혁신의 선제성(proactivity)이 성패를 가름한다. 1990년대 아날로그 휴대폰 시장을 독주했던 모토롤라는 2000년대 디지털휴대폰을 앞세운 노키아에 시장을 내주었다. 노키아 또한 2010년대 이후 애플과 삼성이 주도하는 스마트폰 시장에 적응하지 못하고 몰락했다. 불과 10년 단위로 시장에 지각변동이 일어난 것이다.

오늘날을 3고 시대라 부르기도 한다. 아마존고·알파고·포켓몬고 등 '3고'가 새로운 기술시대를 열고 있기 때문이다. 이러한 신기술은 유통의 비즈니스 모델을 불과 몇 년 단위로 바꿔놓고 있다. 좀 과장해서 말하면 파괴적 혁신이 진행되고 있다. 예를 들어, 자사 보유 택시가 한 대도 없지만 세계 최대의 택시 회사인 우버, 호텔을 하나도 가지고 있지 않은 세계 최대 숙박업체 에어비엔비 등이 그렇다.

이러한 O2O(online to offline) 모델은 이미 O4O(online for offline) 모델로 진화하고 있다. O4O 모델은 온라인에서 얻은 고객의 정보를 오프라인 매출 증대에 활용하는 것이다. 아마존 북스가 좋은 예이다 아마존 북스는 아마존닷컴에서 리뷰 1만 개 이상, 평점 5점 만점에 4.8점 이상의 책만 선별하여 진열한다. 그러니 재고관리에 엄청난 도움이 된다. 책은 계산대 없이 무인 판매한다.

여기서 더 나아가 아마존은 아마존고에서 필요한 물건을 들고나오기만 하면 되는 오프라인 시대를 열고 있다. 이제 물건 하나 사기 위해 길게 줄 서거나 결제할 필요가 없게 되었다. 아마존은 2017년 7월 최대 유기농 식품업체인 홀푸드마켓을 인수하면서 본격적으로 월마트와 가격경쟁을 하고 있다. 인수 완료 후 평균 43%의 할인 판매를 했다. 아마존의 오프라인화에 대해 월마트는 온라인화로 대응하고 있다. 월마트는 구글과 손잡고 아마존과의 경쟁을 준비하고 있다. 이러한 유통 시스템의 코페르니쿠스적 전환은 2015년 이후, 불과 3년 만에 벌어진 일이다.

한편으로는 기존의 고가 오프라인 비즈니스 모델이 온라인 비즈니스 모델에 파괴당하는 현상이 빈번히 나타나고 있다. 1895년 설립된 질레트는 2011년 설립한 스타트업 '달러 쉐이브 클럽(Dollar Shave Club)'과 가성비 싸움에서 밀리고 있다. 질레트는 '면도기는 싸게, 면도날은 비싸게' 파는 고가서비스 전략으로 성공했다. 이른바 '팔아서 돈 버는' 전략이 아니라 '깔아서 돈 버는' 전략이었다.

2010년 질레트의 시장점유율은 무려 71% 달했다. 질레트는 면도기를 싸게 파는 대신 교체용 면도날을 끊임없이 개발하여 고가에 내놓는 가격정책을 유지하여 안정적인 이익을 거두었다. 그러나 매달 1달러만 내면 면도기 1개와 면도날 5개를 배송해 주는 달러 쉐이브 클럽이 온라인에 등장하면서 위기를 맞았다. 달러 쉐이브 클럽은 온라인 판매에서 질레트를 앞질렀다. 2016년에 회원 수 320만, 연매출 2억4천만 달러를 기록했다. 이후 유니레버에 10억 달러에 인수되었다.

이처럼 혁신이 시장을 주도하는 시기에 기업가의 역할은 조직의 방향을 제시하는 것이다. 꿈이 없는 혁신은 고통스럽지만, 꿈이 있는 혁신은 도전해 볼 만한 것이 된다. 기업의 꿈에 직원이 공감할수록, 직원은 혁신에 앞장선다.

반성이 필요한 한국의 경영학

한국의 경영학은 현재를 지키고 위험을 회피하는 관리자형 경영자(The Administrative Manager, TAM)를 키우는 데 집중하고 있다. 대기업 관리자를 양성하는 과거 미국 경영학의 영향에서 아직 벗어나지 못하고 있는 것이다. 이래서는 한국경제의 미래가 불투명하다. 따라서 미래에 선제적으로 도전하고 차별화와 혁신을 선도하는 기업가형 경영자(The Entrepreneurial Manager, TEM)를 키우는 데 집중해야 한다.

과거 저녁마다 많은 CEO가 경영대학을 찾아가 새로운 경영 이론을 학습했다. 첨단 경영전략은 한국 기업이 성장하는 데 이론적 토대가 되었다. 1980~1990년대 경영학 이론은 우리 기업의 경쟁력을 높이는 크게 기여했다. 바야흐로 경영학의 전성시대였다.

그런데 요즘은 CEO가 타고 있는 대형 승용차가 인문대학 앞에 정차해 있다. 최근 들어 인문경영이 인기를 끌고 있는 이유 때문이기도 하지만, 경영학 커리큘럼이 진부해진 때문이기도 하다. 사실 우리나라 경영학은 시대를 앞서 커리큘럼을 개발하기보다는 30년 전의 커리큘럼을 그대로 유지하는 경우가 많다. 그래서 아직도 위험관리를 중시하는 관리학에서 못 벗어나고 있다. 커리큘럼은 생산관리, 인사관리, 재무관리, 마케팅관리가 중심이다. 기업가정신을 체계적으로 교육하는 데도 실패하고 있다. 미국에서 주류를 이루고 있는 기업가정신 전공 교수가 절대적으로 부족하다.

한마디로 우리나라 경영학은 미래를 개척하는 진취적(proactive)인 학문이라기보다는 현재 환경에 대응하는(reactive) 수동적 학문에 머물고 있다. 그래서 대기업 관리자를 키우는 데는 성공했지만, 혁신을 선도하는 기업가형 인재를 키우는 데는 실패했다. 오늘날 관리자형 인재들은 미래 신기술과 신시장에 도전하기보다는 위험관리와 기존 영역 지키기에 골몰하고 있다. 그러다 보니 우리 기업들은 우월적 지위와 권위를 남용하여 소위 갑질로 이익을 추구한다는 사회적 비난을 받고 있다.

최근 아세안 시장의 성장세가 눈에 띄고 있다. 이들 신흥시장에 일본과 중국 기업이 몰려들고 있다. 그러나 한국 기업은 아세안 시장 진출에 아직 머뭇머뭇하고 있다. 아세안 시장에 새로 도전하기보다는 잘 되고 있던 중국 시장의 관리에만 관심을 두었기 때문이다. 이 모두는 관리적 마인드 때문이다. 이것이 사드 이후의 중국 리스크를 자초한 부분도 크다. 선제적으로 도전하고 혁신하는 데 초점을 두는 '기업가형 인재(the entrepreneurial leader)'를 양성하지 못한다면 경영학이 존재할 이유가 없다. 경영학의 대 반성이 필요하다.

한국형 혁신기업의 조건

관리자가 만든 빵집, 제빵왕이 만든 빵집

당연한 말일지 모르지만, 좋은 빵집이 되기 위해서는 제빵의 고수가 있어야 한다. 이런 빵집 앞에는 고객이 줄 서서 기다린다. 아쉽게도 우리나라의 빵집은 고수보다 관리자가 주도한다. 관리자는 빵을 굽지 않고 관리만 한다. 해동만 하는 프랜차이즈 빵집이 우리나라에 많은 이유이다.

한국인은 30대에 접어들면 세계에서 가장 뛰어난 혁신 역량을 갖지만, 이후에는 학습기회 부족으로 고수로 발전하는 비율은 매우 낮다. 과거에 아무리 이름을 날리던 전문가라고 할지라도 나이가 들면 한낱 연로한 노인에 불과해진다. 왕년의 경험과 기술은 온데간데없어지고 후배에게 부담을 주는 잔소리꾼이 된다. 젊은이들은 이를 조롱하여 꼰대라 부른다. 관리자 또한 그렇다. 나이가 들면 후배 관리자에게 자리를 물려주고 아무런 기술 없이 퇴직하고 만다. 퇴직 후에는 할 일이 없다. 할 일이 없으니 잔소리만 늘고, 꼰대 소리만 듣는다.

우리 사회에서 심각한 사회문제로 등장하고 있는 노령화 문제, 전문가가 없는 중소기업의 문제, 해법은 없을까? 우선, 고수로 클 사람을 복지의 대상으로 만들어버린 것부터 해결해야 한다.

고수가 되면 나이가 들어도 다른 사람으로 대체되지 않는다. 고수는 오랫동안 한 분야에서 실력을 쌓아왔기 때문에 문제해결의 주역으로 활약할 수 있다. 이런 모델이 유럽의 노동복지(workfare) 모델이다. 이는 사회복지(welfare) 모델과 대비된다. 사회복지는 사람에 대한 지원이 비용으로 처리되지만, 노동복지는 사람에 대한 지원이 투자가 된다. 물론 노동복지도 단기적으로는 비용이 많이 든다. 하지만 장기적으로는 성과를 내어 사회에 이익으로 돌아온다. 이렇게 되면 선순환적인 복지가 이루어질 수 있다.

그런데 국회나 정부의 정책입안자들은 사회복지 모델에만 몰입해 있다. 기업 또한 비용관리에 치중하여 전문가 양성은 등한시하고 있다. 이 때문에 우리나라의 그 어떤 조직이든 40세 이상이 되면 자신의 전문분야는 없어지고 관리자가 된다.

고수가 많아야 혁신장수기업이 된다

우리 회사에는 명장이나 고수가 몇 명이나 있을까? 기업가는 이를 반드시 헤아려 봐야 한다. 명품 제품, 명품 시장을 가지고 있는 기업은 명장의 수가 많다. 최고 제품, 최신 제품이 많은 기업에는 고수가 많다. 좋은 회사는 직원이 나이가 들수록 꼰대가 아닌 원로가 되는 비율이 높다.

우리나라 소상공인의 평균 수명은 3.7년에 불과하며, 5년 이상 생존율은 27.5%이다. 중소기업의 평균 수명은 11.5년에 불과하다. 고수가 아닌 관리자를 양산하기 때문이다. 이에 비해 일본의 소상공인이나 독일의 가족기업은 우리나라와 달리 장수기업이 많다.

일본에는 100년 이상 된 장수기업의 수가 25,000개가 넘고, 200년 이상인 기업이 4,000개가 넘는다. 이들을 '노포(시니세, 老鋪)'라 부른다. 노포는 오랜 역사를 두고 기술과 경험이 축적된 점포를 말한다. 노포는 대대로 이어져 내려오는 소상공인이다. 평범한 빵집이나 공구점처럼 보이지만, 이들에는 절정의 고수가 있다. 오사카의 화과자, 모찌떡 등을 파는 노포가 대표적이다. 이들은 단골에게 장인정신을 발휘해서 최고의 제품을 제공한다. 교토의 강소기업에는 나이든 고수가 최고의 기업기술을 지키고 있다.

히든 챔피언이라 부르는 독일의 강소기업도 오랜 경험 축적의 결과물이다. 이들 기업은 가족이 세대를 이어가면서 기술을 전수하고 개발한다. 독일 히든 챔피언의 평균 수명은 60년 이상이고, 해당 분야에서 세계시장 점유율 1~2위를 다툰다. 세계시장 점유율은 33% 이상이다. 이중 3분의 1은 100년 이상 장수한 기업으로서 가족 단위로 경험과 기술이 축적되어 온 기업이다. 독일에는 1,300개의 히든 챔피언이 있지만, 한국은 23개에 불과하다. 무엇이 문제일까?

노포와 히든 챔피언의 교훈

우리나라 기업은 지나치게 장비중심의 생산성에 의존하고 있다. 사람은 그저 비용으로만 바라보고, 원가를 관리하는 관리자만 양산하고 있다. 이 때문에 기술축적이 어려워져 중소기업의 기술경쟁력은 날로 취약해지고 있다.

이에 비해 독일과 일본의 기업은 장비보다 사람을 중시한다. 경험과 기술을 축적하고 고수를 길러내 경제발전의 초석으로 삼고 있다. 우리 경제도 고수를 키우는 사람중심 경제로 바뀌어야 한다. 지금까지 우리기업의 비즈니스 모델은 사람을 구조조정하고 장비중심의 생산력에 의존하는 것이었다.

노포나 히든 챔피언이 오랫동안 살아남을 수 있는 것은 경험을 축적한 고수의 장인정신 덕분이다. 최저임금 중심의 사람중심 경제

논의는 낮은 길(low road)이어서 사람 투자의 선순환 효과를 기대하기 어렵다. 따라서 적극적으로 사람의 능력개발과 기술진화에 투자하여 고수로 만드는 높은 길(high road)의 사람중심 경제를 추구해야 한다.

한국은 국토도 좁고 천연자원도 없는 나라이다. 무한한 잠재력을 가진 사람을 키워야 한국경제도 성장할 수 있다. 지금처럼 사람을 구조조정하는 방식으로는 기업도, 복지도 감당하기 어렵다. 고수를 키워내는 일에 투자하면, 가치창출과 미래 이익으로 선순환할 수 있다. 고수가 된 노인은 사회적 비용이 아닌 경쟁력의 원천이 된다. 경험을 축적한 고수는 뒷방 늙은이가 아니라 사회의 주역이 된다.

이렇게 되기 위해서는 기업 문화를 바꾸어야 한다. 수직적인 연공서열로 관리자를 키우는 것이 아니라, 수평적이고 세분화된 전문가를 키우는 문화로 바꾸어가야 한다. 단기이익 지향 중소기업 문화로는 직원의 역량을 개발하여 고수로 키우기 어렵다. 그러면 기업도 죽고, 직원도 도태된다.

기업 문화는 정신과 철학에서 나온다. 일본의 노포기업을 대상으로 한 조사에 의하면, 75% 이상이 가훈과 사훈, 사시, 경영이념이라는 형태로 기업경영의 가치와 철학을 가지고 있었다. 이러한 문화 속에서 직원이 고수로 성장했으며, 고수는 장수의 원천이 되었다. 이에 비해 한국의 조직은 기술직을 승진시켜 관리자로 만든다. 이렇게 되면 어느 한 분야의 고수로 성장하기 어렵다.

다시 한 번 강조하지만, 우리 사회의 고령화 문제, 고비용 구조의 문제는 사람을 고수로 키우는 높은 길(high road)의 사람중심 경제에서 답을 찾아야 한다. 이를 위해서 기업은 관리자와 퇴직자를 양산하는 문화에서 전문가와 고수를 키우는 문화로 바뀌어야 한다. 고수가 자신의 분야에서 후계자와 생태계를 키워내는 허브 역할을 할 때, 한국의 중소기업도 강소기업이 될 것이다. 고수가 장수기업을 만들고, 장수기업이 고수를 만드는 선순환이 필요하다. 이것이 꼰대주의(Adultism)의 비용을 극복하는 고령화 사회의 답이다.

인재 개방과 열린 혁신

물과 기름은 섞기 어렵다. 그런데 섞을 수만 있으면 엄청난 에너지를 낸다. 마찬가지로 다양한 능력과 개성을 가진 사람을 어울리도록 하는 건 어렵지만, 융합할 수만 있으면 기술 혁명을 만들어낸다. 미국 실리콘밸리의 성공은 다양한 인재가 몰려들었기 때문에 가능했다. 실리콘밸리 기술자의 56%가 외국 태생이다. 또한 이민형 기업가(Migrant Entrepreneurship)가 38%나 된다. 반면에 한국에서 다른 나라로 유학 간 인재의 약 20% 정도만이 한국으로 복귀하고 있다. 국내 인재의 해외 유출이 심각하다.

이제 우리나라도 아시아의 인재를 받아들여야 한다. 로마가 천

년 동안 제국을 유지할 수 있었던 비결은 로마를 위해 땀과 피를 흘린 사람은 시민이 될 수 있도록 한 개방성 덕분이다. 한국은 단일민족이라는 신화에 갇혀 외국인에 대해 폐쇄적 태도를 취한다. 지금이라도 태도를 바꿔 아시아 각국의 소프트웨어 인재를 영입해야 한다.

이렇게 돼서 한국에서도 이민형 기업가의 성공 신화가 탄생해야 한다. 디지털 시대 실리콘밸리가 인도인과 중국인의 'IC(India-China) 모델'이었다면, 4차 산업혁명 시대, 한국에서는 'AK(Asia-Korea) 모델'이 등장할 수 있어야 한다.

40대 성공 임원, 이대로 쭉 가고 싶다?

대기업에서 성공한 40대 임원들을 보면 매사에 자신이 있다. 그런데 그들의 이야기를 들어보면 주로 과거의 경험담이 많다. 결국은 예전에 했던 그대로 쭉 성공하고 싶다는 내용이다. 이들은 새로운 도전보다는 과거의 성공에만 매달려 직원에게 꼰대 짓을 한다.

직급이 낮은 사람은 상사가 지시한 일만 잘 해결해도 충분하다. 그런데 임원이 되면 다르다. 임원에게는 사람을 키울 수 있는 리더십과 소통능력이 필요하다. 직급이 오를수록 공부를 더 많이 해야 하는 이유이다. 미국, 독일, 일본의 임원들은 몸은 좀 편할지 모르지만 머리를 쓰는 일이 많기에 공부를 많이 한다. 그런데 한국의 임원들은 일을 부하에게 떠넘기고 자신은 관리만 하는 관료화의 전형에 빠지는 경우가 많다. 그래서 이들은 다음 관리자가 등장하면 조직에서 도태되고 만다. 자기만의 강점을 살리지 못했기에 다른 누군가로 대체되는 것이다.

관리자형 임원은 대부분 자만(hubris), 개인적 욕심(moral hazard), 정직성/진정성(integrity) 부족 가운데 한 가지 이상의 약점을 가지고 있다[12]. 겸손해져야 자신의 과거 경험이 암묵지로 축적되고 고수로 거듭날 수 있다. 그러므로 임원은 다음의 세 가지 필요조건을 갖추어야 한다.

첫째, 자만심을 경계해야 한다. 자만하는 순간 망하기 시작한다. 토인비는 창조적 소수자에 의해 새로운 역사가 만들어지지만, 일단 역사를 만드는 데 성공한 창조적 소수자는 자신의 능력이나 과거 성공의 방법을 과신하여 우상화의 오류를 범하기 쉽다고 봤다. 토인비는 이를 휴브리스(hubris)로 규정했다. '신의 영역까지 침범하려는 정도의 오만'을 뜻한다. 자만심이 강한 사람은 편을 가르고, 자기편 속에 안주한다. 하지만 고인 물은 썩기 마련이다.

둘째, 개인적 욕심이 없어야 한다. 개인적 욕심이 생기는 순간부터 주위 사람들이 떠나기 시작한다. 리더가 선량한 수탁자라는 '청

---

12) 김기찬, "성공한 리더 '승자의 저주'에 안 걸리려면", 《중앙일보 비즈》, 2013. 01. 11.

지기 정신(stewardship)'을 잃으면 결국 도덕적 해이로 이어진다. 철학 없이 스펙만 좋은 사람에게서 흔히 나타나는 현상이다. 이들은 선량한 관리자의 의무보다 '부당이득 추구(rent seeker)', '무임승차(free rider)' 등의 문제를 자주 일으킨다. 갑을 관계와 독과점적 지위 등을 통해 개인적인 이득을 얻고자 하기 때문이다. 성군의 대명사인 세종대왕의 캐치프레이즈는 '신하가 고달파야 백성이 편안하다'였다. 리더가 힘들수록 주위는 행복해진다. 리더는 물려받은 유산(legacy)을 잘 관리해서 새로운 경쟁력으로 키우는 데 온몸을 바치겠다는 각오를 해야 한다.

셋째, 정직성/진정성을 유지해야 한다. 경영의 구루 피터 드러커는 지도자가 가져야 할 핵심요소로 정직성/진정성을 강조했다. 자고로 덕이 있어야 한다. 예부터 최고 인재는 재주와 덕을 갖추어야 했다. 재주와 덕이 모두 없으면 우인(愚人)이라 부르고, 재주가 덕보다 앞서면 소인(小人)이라 불렀다. 그리고 덕이 재주보다 나으면 군자(君子)라 했다. 재주와 덕을 모두 갖춘 이는 성인(聖人)이라 불렀다.

40대 임원들은 돈과 권력에 혹하지 말아야 한다. 그리고 자신을 혁신하는 데 게으르지 말아야 한다. 40대 임원이 가져야 할 충분조건은 다음과 같다.

첫째, 현재의 저주를 경계해야 한다. 나는 지금 그대로 있고 싶어도, 경쟁자가 가만두지 않는다. 우리 가게가 잘 되면 옆에 새로운 가게가 생긴다. 늘 혁신해야 하는 이유이다.

둘째, 끊임없이 신제품에 도전해야 한다. 기존 시장, 기존 제품은 레드마켓이고 영업이익률이 낮다. 신제품일수록 부가가치가 높아진다.

셋째, 앞장서야 한다. 알리바바의 젝마(Jack Ma)는 함께 일하기 가장 힘든 사람을 '기다리자'고 말하는 사람이라 했다. 선제적 (proactive)인 사람이 반응(reactive)하는 사람을 앞선다는 다윈의 자연선택이론이 조직세계에도 적용된다.

기업가형 경영자를 기다리며

4차 산업혁명, 5G 등 우리는 변화의 시대에 살고 있다. 이러한 시대는 새로운 기회에 모험적으로 도전하고 혁신하는 기업가형 경영자들을 필요로 한다. 그러나 유감스럽게도 우리 경제에는 오히려 기업가형 경영자보다 위험을 회피하고 관리하는 관리자형 경영자가 많아지고 있다. 기업의 규정집은 두꺼워만 가고, 창의적 혁신보다 매뉴얼 의존성이 커지고 있다.

기업가정신의 핵심은 기회에 도전하는 것이다. 우리나라 중소기업의 어려움은 기회 도전에 취약한 것에서 비롯했다. 현대자동차는

2000년대 초반 부족한 기술력에도 불구하고 브라질, 러시아, 인도, 중국 등 브릭스(BRICs)라 불리는 신흥 시장에 도전하여 혁신성장의 전기를 마련했다.

그런데 최근 한국 기업인들은 새로운 도전보다 현재의 성과를 지키려는 성향이 강해지고 있다. 이는 불행히도 현재의 저주(curse of incumbency)를 만들고 만다. 경쟁자가 가만히 두지 않기 때문이다. 현재 우리나라는 1인당 국민소득 3만 달러 전후에서 많이 보이는 신중간소득함정(neo Middle Income Trap)에 빠져 있다.

1990년대 중반, 일본도 이와 유사한 현상이 나타난 적이 있다. 이때 일본의 기업들은 아날로그 기술을 고집하며, 디지털 기술에는 상대적으로 보수적이었다. 반면, 당시 한국은 새로운 디지털 기술에 적극적이고 도전적이었다. 그 결과 삼성은 소니를 앞질렀고, 일본은 잃어버린 10년이 시작되었다. 지금의 한국은 어떨까? 한국은 4차 산업인 ICT 투자에 소극적인 반면, 중국은 새로운 기회에 적극적으로 뛰어들고 있다.

시대는 변화에 도전하는 기업가형(entrepreneurial) 경영자를 요구하고 있다. 하지만 시대의 요구와는 달리 우리나라 기업은 국내시장 관리에 치중하며 안주하고 있다. 특히, 중소기업의 시장은 해외에서 만들어지는데, 글로벌 중소기업 전략은 별로 보이지 않는다. 이렇게 해서는 기업가적 혁신을 만들어내기 어렵다.

사람중심 경제는 기업가정신의 회복에서부터 시작해야 한다. 이른바 기업가적 지향(Entrepreneurial Orientation)을 나타내는 '혁신성(innovativeness)', '선제성(proactiveness)', '위험감수(risk taking)' 지수를 올릴 필요가 있다.

PART 2

한국형
혁신기업 사례

07
. . . .

소통과 공감의 경영, BTS

임일 (연세대 경영대학 정보시스템 교수)

최근 BTS(방탄소년단)가 큰 화제다. 한국인만으로 구성된 아이돌 그룹이 한국어로 노래를 하는데도 전 세계적으로 인기를 얻고, 수많은 나라에서 청소년의 롤모델이 되었다는 점에서 그렇다.

세계 팝 시장 인기의 척도인 미국 빌보드 차트에 여러 번 올라갔으며, 2018년도에는 미국 앨범 판매량에서 2위를 기록하였다. 이런 것을 보면 특정 계층만 좋아하는 것이 아니라, 성별과 나이를 떠나 다양한 사람이 좋아하는 그룹임을 알 수 있다.

세계에서 가장 큰 음악 시장인 미국에서 인기나 매출 면에서 이 정도 성과를 거둔 것은 K-POP이라고 불리는 한국음악의 역사에서는 물론이고, 영어 외의 언어로 노래하는 가수로서도 처음이다.

여기에서는 수많은 K-POP 그룹 중, 유독 BTS가 이렇게 큰 인기를 얻고 있는 이유에 대해 경영학의 관점에서 얘기해 보려고 한다. 필자는 음악 전문가가 아니라서 이들의 음악에 대한 전문적 분석을 할 능력은 없다. 다만, 지난 30여 년 동안 가요(혹은 K-POP)에 관심을 가져온 소비자의 입장에서, 그리고 경영학을 연구해 온 경영학자의 입장에서 왜 BTS 신드롬이 발생했는지, 이것이 경영자에게 시사하는 바가 무엇인지 얘기해 보려고 한다.

왜 BTS에 빠져드는가?

필자가 BTS에 관심을 갖게 된 것은 2015년경이다. 평소에도 가요순위 프로그램을 자주 시청하기는 하지만 워낙 새롭게 데뷔하는 가수와 아이돌 그룹이 많아서 웬만해서는 새로운 아이돌에 눈이 가지 않았다. 그런데 한 남자 그룹의 칼 같은 군무가 유독 눈에 띄었다. 노래나 랩도 상당한 수준이었고, 외모도 괜찮았다. 관심이 생기다 보니 시간이 날 때마다 유튜브를 찾아 뮤직비디오(MV)를 보고, 과거에 발표한 노래도 찾아 들었다. 그렇게 이들의 노래가 귀에 익게 되었다.

그러던 어느 날 유튜브에 '방탄 TV'와 같이 이들이 직접 만들어서 올리는(물론 편집은 회사에서 하겠지만) 콘텐츠가 많음을 알게 되었고, 흥미가 생겨 찾아보게 되었다. 이런 콘텐츠를 보면서 알게 된 것은 이들이 많은 고생을 하면서 밑바닥부터 올라온 그룹이라는 것, 그러면서도 항상 밝고 유쾌한 청년들이라는 것이다.

이렇게 BTS를 알게 되면서 그다음으로 눈에 들어온 것은 이들이 부르는 노래 가사였다. 이들의 노래 가사는 현실적인 내용이 주를 이루었다. 자세한 내용은 다시 설명하겠지만, 기본적으로 BTS는 자신이 직접 경험한 것을 노래 가사로 써서 자신이 작곡한 노래에 붙여서 부른다. 즉, 자신의 얘기를 하는 것이다.

유튜브에서 MV와 다른 콘텐츠를 거의 다 볼 때쯤 눈에 들어온 것은 팬이 직접 만들어 올리는 콘텐츠였다. 예를 들어, BTS의 춤을 따라 하는 '커버 댄스(cover dance)' 비디오가 있고, 유튜브를 보는 자신의 모습을 다시 촬영해서 올리는 '리액션 비디오(reaction video)'라는 것이 있다. 리액션 비디오의 재미는 뮤직비디오를 보는 일반 팬들의 생생한 반응에 있다. 감탄하는 모습, 소리를 지르는 모습, 울고 웃는 모습 등을 보며 '아, 이 친구도 나와 비슷한 감정을 느끼는구나.' 혹은 '나는 이 부분이 좋았는데 얘는 저 부분을 좋아하네.' 등과 같은 다양한 경험을 하는 재미가 있는 것이다.

다소 길게 썼는데, 필자가 거쳐 온 이런 과정이 많은 BTS 팬(Army라고 불린다)이 BTS에 빠지는 전형적인 과정이다. 처음에는 눈에 띄는 퍼포먼스 때문에 관심을 갖다가 점점 이들의 인간적인 면을 알게 되고, 이들이 노래하는 내용이 어떤 것인지를 이해하면서 BTS를 더 좋아하게 되는 것이다.

자신의 목소리를 내다

BTS는 얼핏 보면 기존의 한국 아이돌 그룹과 크게 다르지 않은 것처럼 보인다. 오디션을 통해 선발된 7명의 멤버가 랩, 댄스, 보컬 등으로 역할을 나누어 맡고 K-POP의 인기 장르인 힙합을 위주로 하면서 발라드, R&B 등이 가미된 다양한 장르의 음악을 발표하기 때문이다. 물론 댄스, 보컬, 랩 실력이 출중하지만 이들만큼 잘하는 그룹이 없지는 않다.

그렇다면 어떤 점이 이들을 특별하게 만드는 것일까? 가장 큰 차이는 '자신의 목소리를 내는 것'이라고 생각한다. 오늘날의 K-POP은 이미자나 조용필과 같은 '자생형 아티스트', 즉 스스로 타고난 재능을 발전시켜 아티스트로서 자리를 잡은 가수가 주도하는 시대를 지나 일명 '기업형 아이돌'이 주도하는 시대로 바뀌었다. 연예기획사라고 불리는 회사가 재능 있는 연습생을 선발해서 체계적으로 훈련시키고 내부 경쟁을 통해서 선발한 후에 각자의 재능과 장단점을 적절히(상업성이 있도록) 조합하여 아이돌 그룹으로 데뷔시키는 방식을 사용해서 성공하였다.

이렇게 상업적으로 만들어진 아이돌 그룹은 모든 것을 회사가 결정한다. 예를 들어, 그룹의 이미지('청순', '상남자' 등), 노래 선택, 심지어는 방송에서 할 얘기까지 모두 회사에서 정해준다. 적절한 비유일지 모르겠지만, 과거 이미자, 조용필과 같은 가수가 타고난 재능을 가진 장인이 스스로 모든 것을 조달해서 수작업으로 만들어내는 명품이라면, 아이돌 그룹은 상업적으로 기획하고 생산하는 대량생산 제품이라 할 수 있다. 즉, K-POP도 일반 산업이 거쳐 온 과정과 비슷한 과정을 거쳐 왔다 할 수 있다. 그런데, BTS는 자기 생각을 자기가 작곡하고 작사한 노래로 얘기하고 있다. 즉, 사람들이 대량생산 제품에서는 느낄 수 없는 새로운 가치를 제공하고 있는 것이다. 이것이 BTS의 특별한 점이다. 여기서 경영학자로서 한 가지 궁금한 점은 '그렇다면 BTS에 해당하는 다른 산업의 새로운 유형이 있는가? 있다면 어떤 형태일까?' 하는 것이다.

따라서 이 글에서는 BTS에 대한 분석을 통해 일반 산업의 방향에 대해서 생각해 보는 기회를 갖고자 한다. 한 가지 미리 밝혀둘 것은 이후에 얘기하는 BTS의 장점은 BTS 멤버 개인에 대한 것이기도 하지만, 이들을 관리하고 지원하는 소속사에 대한 얘기이기도 하다는 것이다.

공감(Empathy), 우리의 이야기를 할게

BTS가 다른 그룹과 다른 점은 '공감'이다. 앞에서 얘기했듯이 BTS는 자신이 경험한 것을 노래로 만든다. 이들은 10대, 20대가 고민하는 취업, 경쟁, 왕따, 학교폭력 등을 노래한다. 이런 주제는 기존의 가수, 특히 아이돌 그룹이 거의 다루지 않던 주제다. 따라서 BTS의 노래를 듣는 젊은이들은 노래 내용과 자신의 삶이 비슷하기 때문에 쉽게 공감한다.

한국의 음악산업이 발전하면서 세계적인 작곡가와 협력해서 노래를 만드는 경우가 많아졌다. 그래서 트렌드나 질적인 측면에서 세계적인 수준의 노래가 많이 만들어졌다. 그런데 가사를 들여다보면 얘기가 달라진다. 대부분 사랑 얘기 아니면, 현실과 동떨어진 막연한 꿈이나 희망, 혹은 판타지이기 때문이다. 다시 말해 팬과 소통할 수 있는 부분이 크게 부족하다는 것이다. 반면에 BTS는 10대, 20대가 공감할 수 있는 가사로 노래한다. BTS 노래의 가사를 몇 가지 예로 들어 보겠다.

"3포 세대 5포 세대 그럼 난 육포가 좋으니까 6포 세대 언론과 어른들은 의지가 없다며 우릴 싹 주식처럼 매도해 왜 해보기도 전에 죽여 …" - 〈'쩔어' 중〉

기성세대는 젊은이들에게 이렇게 말한다.

"취업이 어렵다, 수입이 적어서 저축은 꿈도 못 꾼다고 투정 부리는 것은 정말로 어려운 일을 겪어 보지 못해서 그런 것이다. 우리 때는 훨씬 더 어려웠다.

그렇게 나약한 정신으로는 아무것도 못한다. 안 되면 더 노력해야지…"

좀 과장해서 든 예이지만, 이렇게 얘기하는 것은 훈계이지 공감이 아니다. 훈계는 듣는 입장에서는 아무리 옳은 말이라도 반발감이 생기기 마련이다. 그런데 BTS는 훈계하지 않는다. 오히려 그들이 하고 싶은 말을 대신해 준다. 위의 BTS 노래의 가사를 듣는 젊은 세대는 최소한 자기들의 어려움을 이해하는 사람이 있다는 점에 위로받는다.

"열일 해서 번 나의 pay 전부 다 내 배에 티끌 모아 티끌 탕진잼 다 지불해 내 버려둬 과소비 해버려도 … Woo 내일은 없어 내 미랜 벌써 저당 잡혔어 Woo 내 돈을 더 써…" - 〈'고민보다 Go' 중〉

기성세대는 젊은이들에게 이렇게 말한다.

"쥐뿔도 못 버는 것들이 겉멋만 들어서 커피는 비싼 것 마시고 말이야 … 그럴 돈이 있으면 저축해서 집 살 생각을 해야지!"

혹시 젊은이들이 왜 그렇게 탕진잼(가진 돈을 다 써버리는 재미)을 추구하는지 생각해 보았는가? 요즘 젊은이들이 참을성이 없어서? 아니면 절약 정신이 없어서? 필자는 그렇지 않다고 생각한다. 주어진 상황에서 행복을 최대화하려는 사람의 본성은 몇 백 년 전이나 지금이나 같다. 다만, 행복을 최대화하는 방법이 바뀌었을 뿐이다.

기성세대가 젊었을 때는 절약해서 저축하면 집을 살 수 있었다. 하지만 지금 젊은 세대는 부모님의 도움이 없이 자신의 수입만으로는 집을 사기가 거의 불가능하다. 따라서 불가능한 행복 대신 소소한 행복이라도 누리려는 것은 인간의 본능 상 당연하다. 지금의 기성세대도 이런 상황이었으면 똑같이 행동했을 것이다. 이런 젊은이들의 처지를 위트 있게 표현한 가사가 위의 가사이다.

"바다인 줄 알았던 여기는 되려 사막이었고 별거 없는 중소 아이돌이 두 번째 이름이었어 … 어떤 이들은 회사가 작아서 제대로 못 뜰 거래 … 한방에서 일곱이 잠을 청하던 시절도 잠이 들기 전에 내일은 다를 거란 믿음도 … 끝이 없던 이 사막에서 살아남길 빌어" - 〈'바다' 중〉

BTS는 밑바닥에서부터 성공한 그룹이다. 잘 알려져 있다시피 이들이 소속된 회사는 중소 기획사로서, 데뷔 초기에는 방송에 나갈 기회를 잡으려고 방송국에서 부르지 않아도 가서 대기했다고 한다. 혹시 다른 그룹이 펑크를 내면 대신 출연할 수 있지 않을까 하는 기대가 있었기 때문이다.

중소기업이 설움을 받는 것은 연예기획사도 마찬가지인 듯하다. BTS는 초기에 "너희는 회사빨(회사의 영향력)이 없어서 아무리 열심히

해도 못 뜰 거야"라는 얘기를 많이 들었다고 한다. 이런 경험을 노래로 표현한 것이 위의 가사이다. 요즘 가진 것 없는 젊은이들이 자신을 '흙수저'라고 표현하는 것은 잘 알려진 사실이다. 이런 흙수저 젊은이들에게 흙수저 아이돌이었던 BTS는 일종의 롤모델과도 같다.

BTS가 다른 아이돌 그룹과 다른 점은 이처럼 팬들의 처지에 공감한다는 것이다. 그렇다면 기업은 어떨까? 기업 광고를 살펴보자. 대부분의 기업 광고는 유명인을 모델로 내세워 자신의 제품이 좋다고 강조한다. 과연 고객은 광고에 나오는 예쁘고 잘생긴 모델이 하는 얘기에 공감할까? 대부분의 소비자는 광고에 나오는 모델이 그 제품을 실제로 사용하지 않는다고 생각한다. 즉, 공감하지 않는다.

과거에는 유명인을 활용한 광고가 효과적이었다. 그렇지만 최근에는 양상이 달라지고 있다. 그것은 미디어 환경의 변화 때문이다. 과거와 달리 지금의 소비자는 인스타그램 같은 SNS와 유튜브 같은 1인 방송에 익숙하다. 이런 새로운 미디어의 특징은 시청자와의 밀접한 관계이다. 예를 들어 어떤 제품을 소개할 때, 일반 소비자와 똑같은 방법으로 사용해 보고 이해하기 쉬운 말로 설명해 준다. 바로 이런 식이다. "이 라면은 신 김치와 같이 먹으니 맛이 아주 좋네요. 그렇게 맵지는 않아요. 청양고추 하나 넣은 정도라고 할까요?" 일반 소비자의 눈높이에 맞춘 이런 설명은 소비자가 쉽게 공감할 수 있기 때문에 더 신뢰하게 된다.

제품 개발도 마찬가지이다. 제품을 개발할 때 소비자의 입장에서 직접 경험해 봐야 한다. 특급호텔 총지배인을 지낸 어떤 분에 따르면 호텔 총지배인은 반드시 자기 호텔에서 정기적으로 자보고 먹어봐야 한다고 한다. 즉, 고객의 입장에서 제품을 써봐야 문제점을 찾고 새로운 아이디어를 얻을 수 있다는 것이다. 병원의 서비스를 개선하기 위해서는 자신이 환자가 되어 병상에서 하루 지내보기도 하고, 침대에 실려 수술실도 가보고, 휠체어에 앉아 진료실도 가봐야 한다는 것이다. 경영자라면 한 번쯤 자문해 볼 필요가 있다. '과연 우리 회사는 고객의 니즈나 불편함을 고객의 입장에서 생각하고 있는가?'

소통(Communication), 너의 목소리를 귀담아 들을게

BTS의 성공 요인에 대해서 초기에 가장 많이 했던 얘기 중 하나는 "BTS는 트위터나 유튜브와 같은 SNS를 잘 활용했기 때문에 인기를 얻었다"는 것이다. 이 말은 일부는 맞고, 일부는 틀리다. SNS 활용은 BTS뿐만 아니라 모든 가수가 일상적으로 하는 일이다. BTS의 소속사인 빅히트엔터테인먼트는 새로 생긴 소규모 회사여서 SNS 외에는 다른 홍보 방법이 없었기 때문에 SNS를 열심히 활용한 것은 맞다. 그렇지만 자금과 인력이 월등한 다른 기획사에 비해서 SNS에 투입하는 자원은 비교도 되지 않게 작았을 것이다. SNS에 투입하는 물량과 자원에 비례해서 인기를 얻을 수 있다면, 큰 기획사 소속의 가수나 아이돌은 진즉에 세계적인 스타가 됐을 것이다.

BTS가 SNS를 활용하는 방법이 다른 아이돌과 달랐던 점은 쌍방향 커뮤니케이션을 했다는 점이다. 지금은 많이 바뀌었지만, 과거의 가수나 아이돌은 SNS를 말 그대로 '홍보'의 수단으로만 생각했다. 자신이 하고 싶은 얘기, 예를 들어 신곡 출시나 콘서트 일정에 대한 정보를 제공하거나 앨범 홍보 전략의 일환으로 신곡에 대한 티저(짧은 소개 영상)를 배포하는 것이 주목적이었다. BTS도 물론 SNS를 이런 목적으로 활용하기도 했지만, 그 외에도 멤버들의 일상적인 모습이나 연습 영상 혹은 자신의 생각을 얘기하는 영상 등을 만들어 팬들에게 수시로 제공함으로써 팬들이 더 친근한 느낌이 들 수 있게 하였다.

더 중요한 것은 자신이 하고 싶은 얘기만 하는 것이 아니라, 팬의 목소리에도 귀를 기울였다는 점이다. 예를 들어, 멤버 중 한 명인 RM(김남준)은 2015년과 2016년에 발표한 자작곡 때문에 비판받은 적이 있다. 가사 내용 중 "그래 넌 최고의 여자, 갑질…" 등의 가사가 여성을 비하한다는 비판이었다.

가수나 아이돌이 이런 비판을 받는 것은 드물지 않다. 이런 비판을 받는 경우 SNS 등을 통해 본인이나 소속사가 공식적인 사과를 하는 것이 일반적이다. 이렇게 사과하고, 자숙하는 모습을 보이면 별문제 없이 비판이 수그러들기 때문이다. RM 역시 사과를 하였고 이 일은 시간이 흐르면서 사람들의 기억에서 사라졌다.

그런데 그 이후, SNS에 팬들과의 소통의 일환으로 올라온 사진이 큰 반향을 일으켰다. BTS의 방을 찍은 사진이었는데, 그중 RM의 방을 찍은 사진에서 《Max box》라는 페미니즘 관련 책이 책꽂이에 꽂혀 있는 것을 눈이 예리한 팬이 찾아낸 것이다. 팬들은 이 사진을 통해 RM이 사과만 하고 끝낸 것이 아니라 페미니즘을 이해하기 위해 책을 구해 읽었다는 것을 알 수 있었다.

물론, 일부러 그 책이 보이도록 사진을 찍어서 보여준 일종의 쇼라고 생각할 수도 있다. 그러나 평소에도 책을 좋아하고 사색을 즐기는 RM의 성향에 비추어 볼 때, 쇼라는 생각은 들지 않는다. BTS의 팬 역시 RM의 진정성을 의심하지 않았기에 BTS가 자신들의 목소리에 귀를 기울인다는 생각을 더욱 굳히게 되었다. 이외에도 BTS가 팬의 얘기를 귀담아듣고, 자신이 할 수 있는 것을 실행한 예는 무수히 많다.

커뮤니케이션은 양방향이어야 한다. 한쪽에서 하고 싶은 얘기만 일방적으로 하는 것은 커뮤니케이션이 아니다. 기업도 마찬가지이다. 기업이 하고 싶은 얘기만을 하는 것은 커뮤니케이션이 아니며, 소비자도 그런 얘기는 귀 기울여 듣지 않는다. 소비자는 기업이 자신이 하는 얘기를 무겁게 받아들이고 행동을 취할 때 마음을 연다. 스타벅스가 좋은 사례이다. 창업 이후 승승장구하던 스타벅스는

2000년 중반부터 어려움을 겪었다. 매장에서 맥주를 파는 등의 제품 다각화 노력이 실패하였고, 커피 맛이 예전만 못하다며 고객이 떠나갔기 때문이다.

이런 종류의 어려움은 많은 회사가 겪는 일이다. 보통의 회사라면 아마도 다른 제품을 정리하고 주력 제품에 집중하는 방향으로 전략을 수정할 것이다. 그리고 주력 제품에 집중하겠다는 비전을 발표하고 제품을 향상하기 위한 다양한 노력을 하겠다고 홍보할 것이다. 보통은 이것만으로도 효과를 본다. 그런데 스타벅스는 여기서 한발 더 나아가서 2008년 2월 26일 하루, 전 매장을 문 닫고 바리스타를 모아 커피 만드는 교육을 다시 하였다. '뭐, 그렇게까지 할 필요가 있을까?' 혹은 '하루 교육한다고 커피 맛이 바로 좋아질까? 결국 생색내기 아닐까?'라고 생각할 수도 있다. 그렇지만 적어도, 커피가 맛이 없다는 고객의 말을 심각하게 받아들이고 최선을 다해 노력한다는 느낌을 고객에게 준 것만은 확실하다.

고객과의 커뮤니케이션에서 가장 중요한 것은 '우리가 고객의 말을 심각하게 받아들이고 행동을 취한다는 느낌을 고객이 받는가?'이다. 고객이 이것을 느껴야 고객과의 쌍방향 커뮤니케이션이 이루어진다고 할 수 있다. 최근에 문제가 되었던 다양한 제품의 결함과 불만 사항에 대해 각 기업이 어떻게 대처하였고, 그 결과는 어떠했는지를 살펴보면 양방향 커뮤니케이션의 중요성을 잘 알 수 있다.

진정성(Authenticity),
본 모습을 보여줄게

BTS가 SNS를 활용하는 방식에서 차별성을 보이는 또 다른 한 가지는 바로 '진정성'이다. 과거의 가수나 아이돌은 소위 '신비주의'를 고집하는 경우가 많았다. 기획사는 가수나 아이돌에 대한 자세한 정보를 숨겨 신비한 존재로 만들려고 노력하였다. 팬들이 자신의 아이돌은 보통 사람과는 다른 신비한 존재가 되기를 바라는 경향도 한 원인이었을 것이다. 과거의 가수나 아이돌이 노래로 전하는 메시지의 경우도 노래를 부르는 당사자의 생각이라기보다는 기획사가 정한 메시지인 경우가 훨씬 많았다. 다시 말해, 이 당시 팬들은 누구의 메시지인지는 신경 쓰지 않았다고 할 수 있다.

그런데 BTS는 그렇지 않다. BTS 가사의 대부분은 멤버들의 생각과 경험을 가사에 녹여낸 것이다. BTS 기획사의 방시혁 대표도 BTS에게 처음부터 그들 자신의 얘기를 노래로 만들도록 했다고 얘기한 적이 있다. 즉, BTS의 노래에는 자신의 진짜 생각을 반영하는 '진정성'이 있다. 좋은 메시지는 언제나 좋은 영향을 미친다. 거기에 메시지를 전하는 사람의 진심이 결합하면 그 영향은 몇 십 배, 몇 백 배가 된다. BTS 가사를 하나 살펴보자.

"어쩌면 누군가를 사랑하는 것보다 더 어려운 게 나 자신을 사랑하는 거야. 솔직히 인정할 건 인정하자. 니가 내린 잣대들은 너에게 더 엄격하단 걸. … 우리 인생은 길어 미로 속에선 날 믿어. 겨울이 지나면 다시 봄은 오는 거야…" - 〈'Love myself' 중〉

BTS가 최근에 발표한 앨범 이름이 〈Love yourself〉이고 여기에 수록된 곡 중 하나가 'Love myself'이다. 앨범 전체가 '너 자신을 사랑하라'는 메시지에 대한 것이라고 할 수 있다. 진부한 메시지일 수도 있지만, BTS가 이를 강조하는 데는 이유가 있다. 심리학이나 교육학에서, 심지어는 뇌과학 분야에서 연구한 결과 중에 공통적인 것이 하나 있다. 그것은 자신에 대한 사랑, 즉 자존감이 높은 사람이 그렇지 않은 사람보다 정서적으로 안정되어 있을 뿐 아니라 상대방을 존중하고, 어려운 일을 잘 견뎌내며, 심지어는 공부도 잘한다는 것이다. 반면에 자존감이 낮은 사람은 자신과 미래에 대한 불안이 크고 이러한 불안이 폭력적으로 나타나는 경우가 많다. 최근 큰 문제가 되는 학교 폭력이나 왕따의 경우 피해자와 가해자 모두 자기 자신에 대한 사랑이 부족한 경우가 많다.

BTS 멤버들이 여러 번 고백하였듯이 많은 시행착오와 혼란을 겪으면서 자신에 대한 존중이 얼마나 중요한지 깨달았다고 한다. 따라서 BTS는 이런 깨달음을 팬과 세상에 전하기 위해 노래하고 있다고 볼 수 있다. 다시 말하지만, 이런 메시지는 전하는 사람이 진심으로 얘기할 때 효과가 있다.

BTS 음악의 힘과 영향력은 이런 진정성과 공감에서 나온다. 똑같은 메시지라도 만일 기획사가 정해준 대로 전했다면 그 영향은 미미했을 것이다. 국내, 해외를 막론하고 BTS의 메시지에 감동하여 자신을 더 사랑하게 되어 크고 작은 어려움을 극복했다는 고백을 하는 팬을 많이 볼 수 있다. 이런 고백을 하는 팬이 특정 연령층이나 특정 문화권에 국한되지 않는다는 점을 볼 때, 진정성은 누구에게나 통한다는 것을 알 수 있다.

요즘은 SNS 등, 정보의 원천이 많기 때문에 팬도 가수나 아이돌이 어떤 생각을 하고 있는지, 그들의 메시지가 진정성이 있는지 없는지를 잘 안다. SNS는 양면성을 지니고 있다. SNS를 활용해서 누구든지 쉽게 자신의 메시지를 전하기도 하지만, 자신의 본 모습이 훤히 드러나기도 한다. 다시 말해, 아무리 그럴듯하게 포장해도 가식은 곧 들통난다는 것이다.

기업도 마찬가지이다. 과거에는(최근에도) 많은 기업이 회사와 제품을 좋은 말로 포장해서 소비자에게 보여주려 노력했다. 소비자도 실체는 어떠하든 간에 잘 포장된 제품을 선호했다. 과거에는 소비자가 얻을 수 있는 기업에 대한 정보는 매우 제한적이었기 때문에 이런 포장이 잘 유지될 수 있었다. 그러나 최근에는 소비자의 성향이 변했다. 솔직한 것을 더 좋아하기 시작한 것이다. 예를 들어, "우리 집 음식은 다 맛있어!"라고 말하는 식당보다 '솔직히 우리 집 냉

면은 맛있는데 갈비탕은 별로야'라고 말하는 식당에 더 신뢰를 느낀다. 특히 젊은 소비자는 미사여구를 동원해서 설명하는 것보다 솔직하게 부족한 점을 인정하는 기업, 우직하게 자기의 생각을 실행하는 기업에 더 호감을 가진다. 진정성이 있다고 생각하기 때문이다.

톰스슈즈(Toms Shoes)라는 회사가 좋은 예이다. 톰스슈즈는 고객이 신발을 한 켤레 살 때마다 다른 한 켤레를 개발도상국에 기부하겠다고 공언하고 실제로 실행하고 있다. 정기적으로 개발도상국을 찾아가서 어린이에게 신발을 전달하고 신겨주는 과정을 비디오로 만들어서 공개하곤 한다. 과거에도 수익을 개발도상국에 기부하겠다는 회사는 많이 있었지만, 톰스슈즈처럼 정말로 눈에 보이게 구체적으로 실행하는 회사는 드물었다. 고객은 이런 활동을 하는 회사의 '진정성'을 느끼고 그 회사 제품을 사는 것이다.

이제는 예쁜 가식보다는 투박한 진심이 더 환영받는 시대가 되었다. 그렇다고 기업이 무조건 자신의 단점을 드러내라는 뜻은 아니다. 자신의 회사와 제품을 가능하면 예쁘고 좋게 포장하는 것은 항상 필요하다. 단, 이런 포장이 자신의 본 모습을 왜곡할 정도로 과도하면 오히려 역효과가 난다는 것이다. 고객에게 메시지를 전할 때, 그 메시지가 자신의 본 모습과 진심을 잘 나타내고 있는지 확인해 봐야 할 것이다.

실력(Capability),
더 잘하려고 노력할게

위에서 BTS가 특별한 것은 공감, 소통, 진정성이라고 하였다. 한 가지 잊지 말아야 할 것은 BTS는 이것을 더욱 빛낼 실력을 갖췄다는 것이다. 필자와 같은 비전문가가 보기에도 BTS의 춤, 노래, 랩 실력은 최고 수준이다. 이러한 실력이 끊임없는 노력의 결과임을 다양한 영상에서 확인할 수 있다.

특히, 이들이 처음 BTS 멤버가 되기 위해 연습할 때의 영상과 비교하면 실력 향상을 위해 얼마나 피나는 노력을 했는지 잘 알 수 있다. 예를 들어, RM(김남준)과 Suga(민윤기)는 래퍼 출신으로 처음에는 춤을 잘 추지 못했다. 그러나 최근 공연을 보면 전문 댄서 못지않다. 보컬을 담당하는 V(김태형)의 경우, 초기에는 댄스도 노래도 어중간했지만, 지금은 둘 다 잘하는 양수겸장의 재주꾼이 됐다. 팬도 이들이 뛰어난 실력을 바탕으로 소통하고 진정성 있는 메시지를 전하기 때문에 감동하는 것이다. 또한, 이러한 실력이 엄청난 노력의 결과임을 알기에 더욱 사랑하는 것이다.

기업도 마찬가지이다. 앞서 얘기한 고객과의 공감, 소통, 진정성이 효력을 발휘하려면 실력이 뒷받침되어야 한다. 뛰어난 제품과 좋은 서비스가 있어야 기업의 진정성 있는 메시지가 힘을 발휘하지, 진정성만 가지고는 고객을 움직일 수 없다.

인성,
그리고 사회적 책임

BTS에 대해서 또 하나 강조하고 싶은 것은 이들의 인성이다. BTS가 올린 수많은 영상을 보면 이들이 참 바르게 자란 청년들이며 멤버들 간에 사이가 좋다는 것을 느낄 수 있다. 물론 인터넷에 올리는 영상은 본인이나 회사에 문제가 될 만한 것을 걸러내고 올리기 때문일 수도 있다. 그러나 앞서 말했듯이 팬은 바보가 아니다. 수많은 영상을 보다 보면 이들이 실제로 어떤 성격이고, 사이가 좋은지 나쁜지 잘 알 수 있다. BTS는 세계적인 스타가 되었지만, 여전히 소탈하고 장난을 좋아하며 팬에 대한 고마움을 기회 있을 때마다 표시한다. 실력은 좋지만 인성에 문제가 있어서 사라진 많은 가수와 아이돌의 경우에 비추어 볼 때, 인성도 실력이라고 할 수 있다.

최근 경영학에서도 기업의 인성에 해당하는 사회적 책임에 대한 중요성을 깨닫기 시작했다. 과거에는 주주(stock holder)를 가장 중시하면서 기업의 성과, 효율성, 이익 등에 초점을 맞췄지만, 최근에는 기업이 사회적 책임을 다하는 것에 초점을 맞추고 있다.

기업의 사회적 책임은 사회적 가치를 만드는 것이다. 환경보호, 사회적 약자에 대한 배려, 회사의 이해관계자(stakeholder)에게 도움을 주는 것 등을 예로 들 수 있다. 회사의 이해관계자는 주주, 직원, 거래업체, 고객 등을 말하며 더 넓게는 사회 전체가 포함된다.

소비자도 과거와 달리 사회적 책임을 다하고 선량한 가치를 실현하려는 기업을 주의 깊게 살펴보고, 가능하면 그런 회사의 제품을 사려고 한다. 그 결과, 사회적 책임을 다하는 기업의 성과와 가치가 오르는 현상이 나타나고 있다. 사회적 가치 중에서 현재는 환경문제, 공정거래 등이 관심받고 있지만, 앞으로는 직원의 행복과 복지, 사회적 약자에 대한 배려 등도 주요 관심사가 될 것이다. 다시 말해, 기업의 주요 가치가 성과 중심에서 인간중심으로 옮겨가는 것이다.

　　위에서 언급한 공감, 소통, 진정성 등이 중요한 이유는 우리를 둘러싼 환경이 바뀌었기 때문이다. 이러한 변화는 음악 산업도 예외가 아니며, BTS는 이러한 변화에 잘 대응했기 때문에 성공했다. 기업도 이러한 변화를 잘 읽고, 이에 맞는 경영활동을 할 필요가 있다. 우리나라 산업계에서도 BTS와 같은 기업의 탄생을 기대해 본다.

꿈의 크기가 혁신성장의 크기, 여의시스템

성명기 (여의시스템 대표이사)

갑자기 닥친 위기

대기업 거래에 의존하는 B2B 관련 중소기업의 가장 큰 애로사항은
수익성이 낮다는 점이다. 이 때문에 직원에게 충분한 급료를 못 주
게 되고, 급여가 낮다 보니 인재를 뽑기 어렵다. 이는 기술 개발의
어려움으로 이어진다. 빈곤의 악순환인 셈이다.

자동제어 제품 제조기업인 여의시스템도 똑같은 어려움을 겪어
왔다. 2000년대 초까지 간신히 손익분기점 언저리에 머물렀다. 이
익이라고 해봤자 고작 1% 전후를 오르내렸으니 말이다.

그 와중에 참여정부가 들어서면서 우파정권 아래에 억눌려 있던
노사분규가 봇물 터지듯 터져 나왔다. 이를 견디지 못한 기업들은

공장을 중국 등 인건비가 낮은 나라로 이전하기 시작했다. 각종 언론 매체에서 이러다가 국가 전체의 제조공장 공동화가 올 것이라고 연이어 보도할 정도로 상황은 심각해졌다.

여의시스템 역시 직접적인 타격을 받았다. 주력 사업이 자동제어 시스템 관련 제품인데 국내에서 공장 증설이 줄어들다 보니 일거리가 급격히 감소했다. 시장이 줄어드니 동종 회사와의 경쟁이 치열해지면서 매출과 영업이익에 심각한 문제가 생겼다.

2002년 상반기에만 전년 대비 15% 정도 매출이 줄어들었고, 8월까지도 매출 감소가 지속되면서 그동안 간신히 흑자를 유지하던 회사는 적자를 내기 시작했다. 문제를 해결하기 위해 회사 임원들이 모여서 얻은 결론은 이랬다.

"이번 위기는 노사분규 및 해외공장 이전으로 자동화 시장이 줄어들고 있는 구조적인 문제이기 때문에 회사를 살리기 위해서는 25%의 인원 감축이 필수적입니다."

며칠 후 임원들이 감축 대상 명단을 가지고 왔다. 대표이사로서 회사의 매출 감소와 적자가 8개월째 지속되고 있었기에 누구보다도 위기의식을 느꼈지만, 막상 직원들의 살생부를 받아드니 며칠 동안 잠을 이룰 수 없었다.

꿈속에서 보인 길

필자의 손으로 직접 뽑은 직원들이었다. 처자식 먹여 살리려고 고객과 상사의 눈치를 봐가며 열심히 일한 죄밖에 없는데 최고경영자의 무능함 탓에 기업 생존을 빌미로 내보내야 한다는 게 너무도 고통스러웠다. 다른 방법은 없을까?

너무 골몰하다 보니 때로는 꿈속에서도 그 생각을 하다가 잠을 깨곤 했다. 어느 날 꿈속에서 조직 감축에 대해 고민하다가 문득 '인센티브 제도를 도입해보면 어떨까?'라는 생각이 듦과 동시에 잠에서 깨어났다.

곤하게 잠든 아내가 깰까 싶어 조용히 거실로 나와 꿈속에서 떠올랐던 인센티브 제도의 초안을 적어보았다. 필자가 생각한 인센티브 제도는 직원들에게 시장경제 마인드를 접목하는 것이었다. 시장에서 경쟁력 있는 제품과 기업만이 살아남는다는 누구나 아는 평범한 이론 말이다.

필자는 대기업보다 직원 개개인의 능력이 상대적으로 떨어질 수밖에 없는 우리 회사가 생존하려면 경쟁 체제를 구축할 수밖에 없다고 생각했다. 그래서 밤을 꼬박 새워 세부적인 사항을 정리했다. 그때 만든 실행방안은 다음과 같다.

- 회사의 주력 아이템을 자동제어 시스템 통합(S/I)에서 자동제어 관련 장비(산

업용 컴퓨터, 산업용 컨트롤러, 산업용 네트워크 장비 등)로 **전환한다.**

- 투명 경영을 원칙으로 하며 임직원에게 회사의 매출, 이익과 손실 등 경영 상태 전반을 매달 가감 없이 자세히 알린다.

- 이번에 한 명의 직원도 감축하지 않으며, 이익이 나면 사업부별, 팀별, 개인별로 성과에 따라 인센티브를 차등 지급한다. 실적이 나쁜 사업부, 팀, 개인에게는 인센티브 지급 취소 및 감봉 처분을 할 수 있다.

- 연말 최우수사원과 우수사원을 선발하여 진급 및 인센티브에 반영한다.

- 인센티브 지급 시 실적뿐만 아니라 근무태도, 외국어 교육을 포함한 교육 학점, 다른 부서와 협력지수 등의 세부사항으로 종합 평가하여 차등 지급한다.

- CEO와의 대화 시간을 만들어 대리급 이하 사원의 애로나 불만 사항 및 회사 발전을 위한 건의 사항을 대표이사가 직접 듣고 그 처리방안을 임직원과 이메일로 공유한다.

그날 아침에 임시 임원 회의에서 필자의 뜻을 전한 후 임직원 전체 회의를 소집하여 우리 회사의 경영 상태와 한국경제의 상황을 자세히 이야기한 후, 사내 자유 경쟁만이 수익 창출을 위한 최선의 방법임을 강조했다.

"자동화 설비 투자가 감소하는 현재의 위기를 벗어나려면 내부 경쟁체제를 도입하여야 합니다. 대신, 인력을 감축하지 않고 위기를 타개해나가겠습니다."

고맙게도 모든 임직원이 새로운 경영 시스템에 동의해주었다. 인센티브를 활용한 성과공유 제도는 직원들의 경쟁 심리에 불을 질렀다. 연초부터 9개월 동안 적자가 나던 회사가 이후 3개월 동안 매출도 오르고 적게나마 이익도 났다. 이후 10년 동안 매출은 4.5배 상승하고, 영업이익은 8배 늘었다.

필자는 약속한 대로 이익이 나면 해마다 직원과 주주, 그리고 회사와 수익을 나누었다. 지금까지도 이러한 성과공유 제도를 유지하고 있다. 성과공유 제도를 채택한 이후 우리 회사는 무차입 경영을 하고 있다. 이런 과정을 거치며 필자의 생각은 크게 바뀌었다. 기술만이 전부라고 생각하다가 경영시스템이 얼마나 중요한지 깨달은 것이다.

꿈의 크기가 혁신성장의 크기

요즘 세상이 워낙 빨리 변하다 보니 기업들은 생존을 위해 혁신을 화두로 내세우고 있다. 그리고 실제로 혁신하기 위해 열심히 노력하고 있다. 필자는 혁신이 절대적인 것이 아니라 상대적이라 생각한다. 우리 회사가 지금 혁신을 하고 있다고 하더라도 경쟁 회사의 혁신이 우리 회사보다 뛰어나면 우리 회사는 후퇴는 물론 문을 닫을 수도 있기 때문이다. 한때 휴대폰 시장에서 세계를 제패했던 노키아가 애플의 스마트폰이 등장하면서 몰락을 길을 걸은 것이 좋은 예이다.

또 다른 예로는 임진왜란 당시의 조선과 일본의 무기경쟁을 들 수 있다. 조선은 승자총이란 혁신적인 개인화기를 개발하여 일부 병사에게 지급하였다. 그런데 임진왜란 때 별다른 힘을 발휘하지 못했다. 일본의 조총에 비해 거리나 정확도가 너무 형편없었기 때문이다. 반대로 이순신 장군이 개량한 거북선과 조선의 바다에 최적화된 판옥선(板屋船)은 일본의 안택선(安宅船, 아다케부네)을 압도했다.

이와 마찬가지로 우리 회사 제품이 경쟁사 제품보다 월등히 앞섰을 때, 혁신 제품이라 할 수 있다. 그리고 우리 회사 재무 상태가 경쟁 회사를 압도할 때 혁신에 성공했다고 할 수 있다.

우리 회사는 2001년부터 성과공유제를 도입하면서 나름대로 혁신해왔지만, 2012년부터는 경쟁사의 혁신이 우리 회사를 앞서면서 경쟁사에 시장을 뺏기기 시작했다. 그 결과 2012년부터 4년 동안 우리 회사 매출과 영업이익은 해마다 뒷걸음질치면서, 2015년에는 적자까지 났다.

성과공유 경영시스템 도입으로 매출과 영업이익이 상승하던 우리 회사는, 급변하는 시장에 대응할 혁신적인 아이템 부족으로 성장동력을 점점 잃게 되었다. 이런 상황을 극복하기 위해서 일단 수익이 나지 않는 사업을 과감하게 정리하기로 했다. 그리고 신성장동력을 스마트 팩토리 관련 시장으로 설정하고 이에 집중하기로 했다. 한마디로 선택과 집중을 한 것이다.

2001년 이후로 우리 회사의 주력 아이템은 산업용 컴퓨터, 산업용 컨트롤러, 산업용 네트워크 제품이었으므로 스마트 팩토리에 집중하기에 적합한 상황이었다. 이를 위해 필자부터 스마트 팩토리에 관해 공부하기 시작했다. 다음으로 한 일은 임직원에게 필자의 생각을 확산시키는 일이었다. 필자는 확대관리자 회의, 영업팀장 회의, 그리고 전체 직원이 모이는 여의포럼에서 스마트 팩토리 관련 시장이 우리 회사의 미래임을 귀에 딱지가 앉도록 이야기했다. 그리고 외부 기업의 스마트 팩토리 전문가와 대학교수까지 초청하여 임직원을 대상으로 끊임없이 교육했다. 그리고 시대의 흐름상, 무인 로봇 시장이 확대될 것으로 판단하여 응용 로봇 사업팀을 신규 발족시켰다.

결과적으로 여의시스템은 2017년부터 스마트 팩토리 관련 시장에 깊숙이 뛰어들어 매출과 영업이익에서 이전 수준을 회복했다. 이는 임직원과 꿈을 공유하고, 전사적 혁신을 하지 못했다면 결코 이룰 수 없는 결과였다. 이런 결과를 거두었기에 이노비즈 협회장으로 재직하는 동안 '중소기업형 스마트 팩토리 플랫폼 개발 컨소시엄'을 발족하여 공급기업 간의 연결고리를 확대했다.

필자는 기업이 성장하려면 끊임없이 혁신하여야 하며 혁신성장은 '임직원이 얼마나 신바람나게 뛸 수 있도록 하느냐'에 달려있다고 믿는다. 그러므로 최고경영자는 임직원이 신바람나게 뛸 수 있도록 하기 위해 시장의 흐름을 직시하고 통찰하여 임직원에게 비전을 제시해야 한다. 또한, 성과공유제를 도입하여 동기부여를 해야 한다.

대한민국의 중소기업들이 성과공유제를 도입해서 한 해의 과실을 임직원과 주주 그리고 회사가 나누면 이를 통하여 조직 구성원들의 꿈을 키우게 되고, 그 꿈이 기업의 혁신성장 동력이 되면서 소득과 더 많은 일자리 창출을 가져 온다.

이게 바로 대한민국의 중소기업이 나아가야할 길이다.

09
·········

고객 고통 중심, 판단위임 경영, 텔스타홈멜

임병훈 (텔스타 대표)

텔스타의 시작,
인간은 무엇을 원하는지 고민하라

'인간은 무엇 때문에 행동하며, 특정한 행위를 하는 이유는 무엇일까?', '이를 통해 인간은 무엇을 얻고 언제 행복감을 느낄까?', '인간은 어떠할 때 창의적일까?'

필자는 경영이란 인간의 본질을 고민하면서 기업과 인간의 관계를 조율하는 것이라 늘 생각해 왔다. 1987년 회사 창업 후, 경영에 관한 한결같은 원칙은 위의 질문에 답을 구하는 것이었다. 물질뿐만 아니라 문화적으로도 안정된 회사를 꿈꾸었기에 던졌던 질문들이다.

'텔스타'라는 회사 이름은 1962년 인류가 최초로 쏘아 올린 상업 통신위성의 이름에서 착안했다. 수많은 부품이 각자의 역할을 수행하여 인류에 꼭 필요한 가치를 제공하는 통신위성 같은 회사를 꿈꾸며 선택한 이름이다. 더불어 직원 한 사람 한 사람이 텔스타 그 자체라는 것, 즉 사람 중심의 경영을 하겠다는 의지가 담겨있기도 하다.

창업 후, 회사를 운영하면서는 많은 시행착오를 겪었다. 그 과정에서 이제 막 시작한 작은 회사가 치열한 경쟁에서 살아남으려면 스스로를 차별화하는 전략이 필요함을 절실히 깨달았다. 그랬기 때문에 텔스타는 당시 대부분의 기업이 집중했던 판매보다는 사후관리에 힘을 쏟았고, 한 분야에 집중하기보다는 여러 기술이 동시에 필요한 분야를 공략했으며, 표준·대량설비에 집중하기보다는 품질과 생산성 관련 커스터마이징 설비에 집중했다. 또한, 다른 기업이 핵심기술 개발에 몰두할 때, 우리는 이미 개발된 기술을 융합하고 응용하며, 고객의 또 다른 고통에 대응하는 등 철저하게 남과 다른 길을 걸었다.

지난 30여 년을 거치며 만들어진 텔스타만의 경영 방식과 철학은 바로 '인간의 고통'에서 시작되었다. 고통을 상상하는 일은 고객, 고통, 가치의 정립으로 이어지게 되었고, 결국 그것이 쌓여 텔스타만의 '고객 고통 중심 팀워크'를 이루었다.

회사의 정체성은 고객이 결정한다

인간은 자신의 가족을 좀 더 안전하게 지키기 위하여 공동체 생활을 시작했다. 그리고 서로 도움을 주고받으면서 고객이라는 개념으로 발전했다. 그러므로 인간이 공동체 생활을 유지하려면 반드시 누군가의 고객이 되어 주어야 한다. 따라서 고객이란 누군가를 돕는 사람이며, 도움을 준 횟수가 많을수록 좋은 고객일 것이다. 이런 점에 비추어 볼 때, 어떤 고객을 선택하느냐에 따라 개인이나 조직의 정체성이 결정된다고 할 수 있다. 이는 텔스타가 무엇보다 먼저 고객 정립에 정성을 쏟는 이유이기도 하다.

예를 들어 어떤 프로젝트를 시작한다고 하자. 홀로 진행하는 프로젝트가 아니라면, 필연적으로 여러 사람이 관여할 수밖에 없다. 문제는 모든 관계자가 자신이 생각하는 방식대로 진행되기를 바란다는 데 있다. 모두를 만족하는 방법이 있다면 좋겠지만, 그런 방법이 있을 리 없다.

이처럼 공통의 프로젝트를 진행하더라도 저마다 다른 생각과 다른 요구사항이 존재한다는 것을 알게 되기까지 수많은 시행착오를 거쳐야 했다. 또한, 그 과정에서 누구에게 집중하여 일을 진행하느냐에 따라 업무 방향과 결과가 달라지는 것을 경험했다. 이를 통해 고객 정립이라는 추상적 개념이 서서히 실체화됐다. 이와 관련하여 두 가지 프로젝트를 예로 들어 보고자 한다.

수년 전, 중국 단둥에 있는 S기업과 프로젝트를 진행할 때의 일이다. 고객의 요구사항은 설비의 품질불량 문제 해결이었다. 문제 해결은 어렵지 않았지만, 중국의 다른 경쟁사와 가격 경쟁으로 이길 수 없는 상황이었다. 아무리 고민해도 방법이 보이지 않아 포기할까 하다가 마음을 고쳐먹었다. 700만 달러라는 큰 비용을 들여서라도 품질을 개선하고자 하는 고객의 고통은 우리 이상일 것이라는 데 생각이 미쳤기 때문이다.

그래서 우리는 고객의 고통에 다가가기 위해, 고객을 품질 책임자에서 최고경영자(CEO)로 재정립하였다. 그러자 지금껏 희미했던 S기업의 고통이 선명하게 드러났다. S기업이 큰 비용을 들여 품질을 개선하려던 이유, 그 고통의 근원은 설비 품질을 높여 세계적 자동차 부품 회사인 ZF사를 새로운 고객으로 만드는 데 있었다. 그래서 우리는 관점을 바꿔 스마트 품질관리 시스템으로 다시 제안했고 그 결과, 포기 직전까지 간 프로젝트를 성공적으로 마무리할 수 있었다.

또 다른 사례는 국내 자동차 엔진의 핵심 중 하나인 캠모듈을 생산하는 현대자동차 1차 협력사와의 프로젝트다. 당시 고객의 요구사항은 새로운 모듈 조립라인 설비 구축이었다. 우리는 프로젝트를 시작하기 전에 고객을 1차 협력사가 아닌 현대차 연구소 담당자로 정했다. 그러자 발주사의 요구사항 너머에 있는 고객의 고통이 눈에 보였다. 새로운 방식으로 자동차 엔진 부품을 개발한 현대자동차 연구소는 개발 제품을 안정화하여 생산하는 것에 대한 우려가 있었던 것이다. 새롭게 고객을 정립한 우리는 1차 협력사와 파트너십을 유지하는 동시에 현대차 연구소의 고통에 대응하여 프로젝트를 진행했다. 그 결과, 발주사는 물론 우리가 정립한 고객에게까지 신뢰를 쌓게 되었고 이후 다른 프로젝트까지 연계해 수주할 수 있었다.

이처럼 고객을 누구로 정하느냐에 따라 프로젝트의 전략과 대응 방식이 달라지고 결과 또한 달라진다. 그리고 달라진 차이만큼 고객을 감동하게 할 수 있다. '고객을 누구로 정립하느냐?'는 옳고 그름의 문제가 아니라 그 자체가 프로젝트의 본질이다. 고객 정립을 통해 텔스타는 다양한 요청과 복잡한 상황 속에서도 명확한 방향성을 갖고 프로젝트를 진행할 수 있었다.

환자가 미처 느끼지 못한 고통을 찾아내는 게 진짜 의사다

고객을 정립한 뒤에는 고객의 고통을 들여다봐야 한다.

'고객 고통 중심 경영'은 고객을 정의하고, 고객의 고통으로 들어가 그 고통을 해소하는 것을 우선적인 목표로 삼는다.

텔스타가 무역 오퍼에서 AS를 취급하는 업체로 탈바꿈하며 얻은 것이 있다. 바로 비즈니스의 원리를 깨우쳤다는 것이다. 기술력 향상은 덤으로 느껴질 정도로 말이다. AS의 특성상 우리를 찾는 고객은 불편하고 고통스러운 상태에 있다. 따라서 우리는 자연스럽게 고객의 아픈 곳, 즉 고객의 고통을 찾아내고 대응하는 경험을 쌓게 되었다. 텔스타는 이러한 과정을 거치면서 당시의 경영 용어로는 낯선 고객의 '고통'이라는 개념에 집중할 수 있었다.

그런데 비즈니스를 통해 만난 사람 대부분은 자신의 고통을 제대로 알지 못하는 경우가 많았다. 이렇게 되면 문제가 발생했을 때 정확한 대응을 하기가 어렵다. 이는 마치 통증을 호소하는 환자에게 진통제만 처방하는 것과 같다. 진정한 의사라면 병의 원인을 찾아 뿌리채 뽑을 수 있어야 한다. 그래야 환자가 이후로 똑같은 고통을 겪지 않는다.

마찬가지로 고객 고통의 해소라는 측면에서 기업은 능동적으로 고객의 고통에 대응해야만 한다. 우리가 수동적으로 고객을 대하면 고객의 주문이나 요구에 끌려다닐 수밖에 없다. '무엇이 필요하다' 또는 '어떤 것이 있으면 좋겠다'는 고객의 요구는 당장의 고통을 해결하려는 데 초점이 맞춰져 있다. 그러므로 고객의 주문에 끌려다니다 보면 근본적인 문제를 해결할 수 없다. 텔스타는 드러난 고통 이면에 숨어있는 고통을 파악하고 해결하는 것이 진정한 고객 서비스라는 것을 알고 난 후, 주체적이고 능동적으로 고객에 대응해야 한다는 것을 깨닫게 되었다.

고객이 이미 느끼는 고통은 고객 니즈로 나타난다. 하지만 그 이면에 고객이 미처 느끼지 못하는 고통이 있을 수 있다. 그것에 집중하는 기업만이 고객 감동을 끌어낸다. 고객이 미처 느끼지 못한 고통을 찾아내는 게 텔스타 창의력의 본질이다. 텔스타는 지난 30년간 커스터마이징 설비를 제작하며 쌓아 온 경험을 바탕으로 고객의 숨겨진 고통을 들여다보는 텔스타만의 DNA를 만들어 냈다.

고객의 숨은 고통을 상상하는 것이 창의력의 본질이다

기존의 경영 철학이나 원칙을 텔스타에 적용할 수도 있었지만, 참조할 만한 것이 그리 많지 않았다. 그래서 누군가를 위하는 일, 구체적으로는 누군가의 결핍과 불편을 해소하는 일에 집중했다. 텔스타는 이를 '고객'과 '고통'이라는 말로 재정의했다.

막연하게 알고 있던 것을 명확히 정의하자, 텔스타가 나아가야 할 길이 선명히 보였다. 우리는 고객의 상태를 더욱 적절하게 분석할 수 있었고, 문제점과 해결방안을 보다 구체적으로 도출할 수 있었다. 이는 하루이틀에 만들어진 것이 아니다. 30년 가까운 세월 동안 고민하고 노력해서 만들어낸 방법이다.

'고객'과 '고통'을 재정의했다고 해서, 그 자체에만 초점을 맞추는 것은 아니다. 우리는 궁극적으로 고객의 고통 해소에 경영 목표를 두고 있다. 우리는 그것을 얼마나 효율적으로 해냈느냐에 따라 기업의 가치가 달라진다고 믿는다.

고객의 고통을 해소하기 위해 절대적으로 필요한 것이 창의력이다. 현실로 드러난 고통도 있지만, 드러나지 않는 고통도 많기 때문이다. 그래서 숨은 고통을 찾아낼 수 있는 상상력, 즉 창의력이 필요한 것이다. 바꿔 말하면, 창의력이라는 것은 상상력에 기반한 문제 해결 능력이고, 고객을 상대하는 기업의 입장에서는 고객의 고통을 상상하는 능력이라 할 수 있을 것이다.

우리는 가치 있는 일에서 존재의 의미를 찾는다. 기업의 입장에서 고객의 고통을 해결해 주는 것은 가치 있는 일이다. 즉, 기업은 고객의 고통을 해소해 주는 데 존재 의미가 있다. 그러므로 고객의 고통을 얼마나 잘 해소해 주느냐에 따라 기업의 가치가 달라진다.

사람은 자신이 하는 일의 가치를 어떻게 보느냐에 따라 열정을 쏟아붓기도 하고, 건성으로 하기도 한다. 따라서 일을 할 때 그 일의 가치를 어떻게 정립하는가도 중요한 문제이다. 정립된 고객의 고통을 해결하기 위해 '가치를 정립'하는 것이 텔스타가 일하는 세 번째 방법이다.

이타적 기업 문화가 지속가능한 기업을 만든다

텔스타가 한 단계 성장한 것은 맞춤형 설비를 제작하면서부터다. 이

때부터 텔스타만의 고객 고통 중심 팀워크가 자리잡기 시작했다.

고객의 제품 경쟁력은 우리가 만든 맞춤형 설비로부터 시작된다는 것을 알고부터는 사명감과 자존감을 함께 느꼈다. 이렇게 오랜 기간 일하다 보니 맞춤형 설비를 완벽하게 제작하는 요령을 터득하였다.

텔스타는 '고객이 어떠한 고통 때문에 비용을 투자해 설비를 갖추려고 하는가?', '우리가 그 고통을 해결할 수 있는가?', '고통 해결을 위해 우리가 무엇을 제공할 수 있는가?'를 따져본 뒤 모든 관계자가 공감해야 프로젝트를 본격적으로 시작한다.

앞서 진통제를 처방하는 의사와 환자의 예를 들어 이야기했듯이, 대부분의 고객은 자신의 고통을 잘 모른다. 큰 조직일수록 더욱더 그렇다. 정확히 말하면, 표면적 이유만으로 실행할 뿐 고통의 본질을 알려고 하지도 않는다.

고객이 호소하는 고통을 해결해 주면 고객은 만족한다. 그러나 고객이 만족하니 됐다고 생각하면 더는 발전이 없다. 고객이 모르는 고통까지 상상하여 해결해 주어야 고객이 감동한다. 그런데 고객의 고통을 상상하는 것은 사람의 고통에 답하지 않고는 불가능했다.

결국, 다시 '사람'의 문제로 돌아온다. 고통은 '인간의 정서적, 육체적 불편과 필요의 결합체'이고, 사람들은 서로의 고통을 해결해 주며 자신의 가치를 증명하고 행복과 보람을 느끼는 존재라는 점을 기억해야 한다.

살면서 자신의 고통을 우선하면 그 삶은 이기적인 삶이 되고, 타인의 고통을 우선하면 그 삶은 이타적인 삶이 된다. 기업도 마찬가지다. 타인의 고통에 무심하고 자신의 이윤만을 생각해서는 오래 살아남을 수 없다. 회사는 고객이 없으면 존재할 수 없기 때문이다.

문제는 이타적인 생각, 이타적인 윤리는 쉽게 얻어지지 않는다는 점이다. 몇몇이 아닌 기업 전체에 뿌리내려야 하기 때문이다. 이런 이유로 텔스타는 전사적으로 꾸준히 이타적인 기업 문화 만들기를 강조해 왔다.

경영에서는 다소 생소한 '고객 고통 중심 팀워크'를 시작한 배경도 여기에 있다. 텔스타가 강소기업으로 계속 살아남아 사회에 공헌하고 이타적인 공동체를 이루기 위해서는 타인, 즉 고객의 고통에 집중하는 기업 문화를 정착시켜야 한다. 이를 위한 전사적인 노력은 앞으로도 계속될 것이다.

스마트 팩토리, 사람중심 생산 시스템

지난 30여 년간 텔스타는 고객의 고통이 존재하는 곳에서 그 고통에 대응하며 회사를 성장시켜 왔다. 현재 텔스타가 비전으로 삼은 '고객 맞춤형 스마트 팩토리 구축 및 운영 전문회사' 역시 같은 의미에서 추진되고 있다.

세계는 지금 인더스트리4.0, 국내에서는 스마트 팩토리라 일컫는 변화의 시대를 맞이하고 있다. 텔스타는 스마트 팩토리 시장을 주도하기 위해 LINK5라는 독자적인 플랫폼을 개발하며 발 빠르게 움직이고 있다.

텔스타가 정의한 스마트 팩토리는 품질과 생산성, 그리고 효율성이 좋은 생산시스템으로 다양한 고객에게 맞춤형 서비스를 제공할 수 있는 공장이다. 즉, 품질과 생산성, 효율성에 대한 고객의 고통을 해결하는 게 스마트 팩토리 구축의 목적이자 텔스타의 비전이다.

스마트 팩토리는 디지털 팩토리라는 수단이 필요하다. 다행히 텔스타는 지난 30여 년간 품질과 생산성 관련 커스터마이징 설비 분야에서 수많은 장비를 제작하며 노하우를 축적했다. 구체적으로는 연구소의 R&D 결과를 제조라인에 내재화하는 일, 설비의 아날로그 데이터를 디지털화하여 고객의 연구소로 집적하는 일 등을 통해 다양한 경험을 쌓았다.

디지털 팩토리는 오늘날의 각종 ICT 기술과 결합해 공장과 소비자를 연결하여 효율적인 생산이 가능해야 한다. 로봇 등에 의한 설비 자동화는 생산성 혁신 목적도 중요하지만 이제는 위험하거나 단순 반복적인 일 등 비인간적 공정 개선에 집중할 수 있도록 해야 한다. 그게 '사람중심 스마트 팩토리'이고 텔스타의 지향점이다. 어느 기업이든 품질과 생산성 그리고 효율성을 높이고자 끊임없이 고민한다. 이런 기업이 존재하는 한, 텔스타의 역할 또한 끝나지 않을 것이다.

텔스타는 '고객 맞춤형 스마트 팩토리 구축 및 운영 전문회사'라는 비전을 실현하기 위해 어떤 조직 문화를 갖추어야 할까 늘 고민해 왔다. 오랜 고민 끝에 내린 결론은 고객 고통을 중심에 놓고 모든 실행자가 판단을 직접 할 수 있어야 하고, 그러기 위해서는 개인의 '롤(role)'과 팀의 '펑션(function)'에 따라 유기적으로 움직이는 조직 문화가 정착해야 한다는 것이다. 더불어 텔스타 구성원 각자가 존재 목적을 명확히 하여 서로가 평생학습의 툴(tool) 역할을 할 수 있어야 한다는 것이다.

텔스타는 직원 스스로 자존감을 가질 수 있는 좋은 회사(GOOD COMPANY), 어떠한 경영 환경에서도 살아남을 수 있는 강한 회사(STRONG COMPANY), 스스로 진화 발전할 수 있는 창의적인 회사(CREATIVE COMPANY)가 되기 위해 오랜 세월 노력해 왔다.

고객의 고통을 상상하며 가치를 만들어내는 텔스타의 '고객 고통 중심 판단위임 경영', 그 안에서 개개인의 주도적 판단과 창의성을 존중하는 기업 문화, 그리고 직원 한 사람 한 사람을 성장시키는 회사가 되는 것. 이것이 텔스타의 '사람중심 기업경영'의 핵심이다.

3거리 경영,
동신유압

김병구 (㈜동신유압 대표이사)

위기의 동신유압

동신유압은 사출성형기 개발 및 제조회사이다. 동신유압은 1967년
에 동신유압기계제작소로 개업하여 반세기 동안 오로지 한길을 걸
어왔다. 그동안 수많은 특허를 내고, 혁신적 제품을 개발하여 2013
년 글로벌 강소기업으로 선정(중소기업청, 중소기업진흥공단)되기도 하
였다

　물론 순탄한 길을 걸어온 것만은 아니다. 동신유압은 1990년
대 중반, 사업 다각화의 필요성을 느껴 신사업을 시작했다. 그러나
2000년대 들어 중국의 저가 공세로 경영난에 봉착하고 말았다. 이
때문에 직원의 40%를 퇴직시키는 등의 대대적인 구조조정을 단행

했다.

　이러한 경영위기 속에서 필자가 사업을 이어받았다. 1995년 동신유압에 입사한 후, 말단부터 시작해 17년간 근무경력을 쌓아 2011년부터 대표이사를 맡게 된 것이다. 이전까지 동신유압은 부서 이기주의가 팽배하였고, 노사대립이 심각했다. 게다가 엄청난 적자에 허덕여 폐업을 고려할 정도였다.

3거리 경영으로 돌파하다

필자는 취임 후 '3거리 경영'을 시작했다. 3거리란 '즐길 거리', '웃을 거리', '희망 거리'를 말한다. 이를 직원들에게 주는 것이 바로 3거리 경영이다. 간단히 말해 '꿈'과 '흥'이 있는 일터를 만드는 것이다.

　희망 거리는 직원들의 꿈이, 즐길 거리와 웃을 거리는 흥이 되었다. 흥이 있는 조직의 구성원은 자발적 동기부여(Inherent Engagement)를 한다. 또한, 구성원은 흥이 날수록 계약적 존재에서 이념적 동지로 변화한다. 이렇게 끈끈하게 맺어진 이념적 동지들이 협업하면 메가 시너지가 만들어진다. 실제로 3거리 경영을 시작한 후, 생산성과 매출액이 해마다 30% 이상 늘었다.

　이뿐만이 아니다. 동신유압의 직원들은 업무에 더욱 몰입하고, 위대한 창조자로 변신하여 매년 신제품을 만들어 냈다. 필자는 이런 직원들과 성과를 나누기 위해 성과급, 회사유보, 배당 등으로 3분의 1씩 배분하는 '3·3·3 제도'를 2013년에 도입했다. 이와 더불어 1·1·1제도도 도입했다. '다르게 생각합시다'라는 주제로 매월 1인 1건의 아이디어 제안을 통해 우수 아이디어를 발굴하고, 포상하는 제도이다.

이외에도 즐거움이 있는 기업 문화(FUN문화)를 만들기 위해 명절 제비뽑기, 달콤하데이, 사원 기삼(氣蔘) 데이(4월 1일), 패밀리 레스토랑, 가족사진 콘테스트, 로또 복불복, 사다리는 알고 있다 등의 색다른 행사를 실시했다.

이렇게 다양한 방법으로 직원들에게 '희망 거리', '즐길 거리', '웃을 거리'를 만들어 주자 동신유압은 꿈이 있는 일터, 즐거움과 흥이 넘치는 일터가 되었다. 이는 큰 성과로 돌아왔다. 3거리 경영을 시작한 지 몇 년 지나지 않아 매출 600억 원을 돌파했다.

직원을 중시하는 동신유압

동신유압은 직원을 중요하게 여긴다. 직원이 곧 경쟁력이기 때문이다. 필자는 이런 신념 하에 동신유압을 공부하는 회사로 만들고 있다. 사내에 도서관도 만들고, 자체 교육기관인 '동신 아카데미'도 운영하고 있다. 그리고 각종 언어교육은 물론, 직원 자녀에게 장학금도 지급하고 있다.

그러자 직원들은 주인의식으로 보답했다. 동신유압의 직원 평균 근속연수는 25년(2014년 기준)에 이르고 있다. 그리고 동신유압 직원의 96%(제안율 96%)가 브레인스토밍으로 아이디어를 제안하고 있다. 직원 157명 중 20%가 넘는 30여 명이 연구개발(R&D) 인력이다.

필자는 직원과 관련해 4관 3려를 강조한다. 4관은 관심·관찰·관점·관계이며, 3려는 독려·격려·배려다. 이는 기업가의 독단·독선·독식을 지양하기 위함이다. 필자는 중소기업의 직원은 돈이 아니라 인간으로서 인정받아야 오래 근무한다고 생각한다. 이는 이성 관계와 비슷하다. 이성과 연애 감정을 느낄 때를 떠올려 보라. 사실 첫눈에 반하는 일은 드물다. 연애는 관심에서 출발한다. 관심을 갖게 되면 유심히 관찰하게 되고, 좋은 관점이 생긴다. 이후에야 비로소 좋은 관계가 만들어진다.

모든 사람은 고유한 능력이 있다. 지도자는 관점을 바꾸어 이들의 장점을 볼 수 있어야 한다. 그래야 좋은 관계가 만들어진다. 또한, 격려하고 배려해야 한다. 잘 못한다고 해서 다그치면 그 사람은 더는 성장하지 못한다. 하지만 다독이며 함께하면 끝까지 같이 갈 수 있다. 이게 바로 3려 정신이다.

그러나 언제나 관대해서는 안 된다. 'Nice guy finish last(좋은 사람이 꼴찌)'라는 말이 있듯이 항상 '허허'거리기만 해서는 성과를 낼 수 없다. 그러므로 인본주의를 바탕으로 하되, 신상필벌을 적용해야 한다.

이처럼 필자는 취임 후 4년 만에 핵심역량(기술력) 중심으로 회사 조직을 전문화하는 한편, '장인정신'을 바탕으로 꿈이 있는 회사, 흥이 있는 회사를 만들었다. 그리고 이는 여전히 현재진행형이다. 아무튼 이러한 노력 덕분에 동신유압은 위기를 극복하고 가업승계와 기업발전을 동시에 추진할 수 있었다.

매출 상승을 이끄는 창조성

기업의 입장에서 창조성은 미래 환경변화에 선제적으로 대응하기 위한 연구개발 투자 활동이라 말할 수 있다. 신제품 개발 및 특허 창출이 활발하고 경쟁력이 유지되면, 환경이 급변해도 지속가능성을 확보할 수 있다. 그래서 동신유압은 2009년, 영업이익이 마이너스임에도 R&D에 12억 원이나 투자했다. 이후 지속해서 R&D에 투자하여 전년도 영업이익 대비 평균 87.3%라는 높은 수치를 기록했다.

동신유압의 연구개발 인력은 2014년 기준, 전 조직원의 20%가 넘는 30여 명이 연구개발 활동을 하고 있다. 매출액 대비 연구개발 투자 비율은 2006년부터 2009년까지 평균 0.71%이고, 2010년~2014년은 평균 3.04%이다. 2010년~2014년의 연구개발 투자 비율이 전(前) 기간에 비해 4.28배로 급상승한 것이다. 이에 발맞춰 전(前) 기간 대비 1인당 평균 특허 수가 0.07개에서 0.27개로 늘어났다.

필자가 대표이사를 맡아 2세 경영체제에 돌입한 2011년 이후 4년 동안 동신유압은 9개의 신제품 전략모델을 개발 완료하였다. 신제품군은 자동차, 스마트폰, 메디컬, 신소재, 초정밀 분야 등의 글로벌 시장 진출을 목표로 개발되었다. 특히 동신유압은 지난 50여 년의 사출기 제작 노하우를 바탕으로, 10톤급 초정밀 사출기부터 3천 톤급에 이르는 초대형 제품군을 새롭게 개발해 기존 제품과는 전혀 다른 형태의 전략모델을 대거 포진함으로써 하이엔드(고급) 시장을 집중적으로 공략했다. 동신유압은 초정밀 분야와 특수 신소재 분야에 진출하기 위해 소재기술에 필요한 특허권 확보는 물론, 장비 제작기술의 질(質)을 높이는 데 주력했다.

이는 글로벌시장 공략으로도 이어졌다. 새로 개발한 제품군의 성능과 내구성이 유럽 및 일본 장비와의 경쟁에서도 절대 뒤지지 않을 만큼 높아졌기 때문이다. 동신유압은 글로벌 마케팅의 일환으로 2015년 코플라스(Koplas) 전시회에서 신제품을 일반에게 공개하였다. 그리고 체코, 러시아, 베트남, 중국 등 해외에서 열리는 4개 전시회에 참가해 제품의 우수성을 알렸다. 2016년에는 독일에서 열리는 세계적인 플라스틱 전시회 'K쇼'에 단독부스로 참여하여 독일, 유럽 및 일본 업체와 하이엔드 시장에서 당당히 겨루었다.

R&D에 집중 투자하자 생산성도 매년 30%씩 뛰었고, 매출 역시 껑충 올랐다. 동신유압 성형사출기가 국내 동종업계 제품보다 15% 정도 값이 비싼데도 잘 팔리는 것은 사출성형물의 불량률이 1% 이

하로 타사보다 훨씬 낮기 때문이다.

직원이 기업의 성장을 이끈다

2015년 초, 동신유압 전 직원(158명, 2014년 말 기준)을 대상으로 꿈과 흥에 대해 설문조사한 적이 있다. 분석해보니 다음과 같이 의미 있는 결과가 나왔다.

첫째, 동신유압 직원의 꿈에 대한 의식 정도(평균 81.6%)는 변화지향(Change), 도전지향(Challenge), 기회지향(Chance)이 매우 높게 나타났다. 필자가 대표로 취임한 후 펼친 '3거리 경영' 덕분에 구성원 모두가 꿈이 있고, 흥이 있는 회사가 된 것이다. 이와 더불어 경영수익의 1/3은 직원 성과급, 1/3은 주주 배당, 1/3은 재투자를 위한 자금으로 활용하는 '3·3·3 제도'는 직원의 주인의식을 높였다. 이런 제도를 통해 직원의 꿈에 대한 의식이 높아지니 회사가 거두는 성과도 자연스럽게 커졌다.

둘째, 꿈의 공유 정도도 75%로 높게 나타났다. 꿈의 공유 정도는 회사가 지향하는 비전을 직원이 얼마나 공유하는가를 말한다. 공유정도에 따라 비전 달성의 성패가 달려있다 해도 지나치지 않다.

셋째, 흥에 대한 의식 수준도 긍정 답변이 80%나 될 정도로 매우 높게 나타났다. 직원이 회사와 꿈을 공유하면 흥이 난다. 흥은 창조적 성과를 내고, 시장기회를 창출한다. 흥의 몰입성은 또한 기업의 생산성을 높이는 데 기여한다.

이처럼 동신유압은 직원의 '꿈과 흥'을 북돋워 경영난을 타개했다. 기업이 직원의 성장을 이끄는 것이 아니라 직원이 기업의 성장을 이끈다는 것을 잘 보여준 셈이다.

권한위임 경영,
동아TV

박란 (㈜동아TV/폴라리스TV/K&C뮤직 대표이사)

위기

필자가 방송제작인력양성 과정을 운영하고 있을 때였다. 필자에게
그 일은 같은 방송일이지만, 새로운 도전이기도 했고, 정신적인 휴
식이기도 했다. 그러던 중 방송계에서 알고 지내던 선배님으로부터
연락이 왔다.

"이제 그만 돌아와 일해야지, 오래 자리 비우면 감 떨어지는데."

그 선배님은 필자의 20년의 방송 경험과 방송제작인력양성 과정
을 운영하면서 얻은 네트워크 관리, 프로그램 유통, 프로그램 편성

송출 및 채널 유통사업 등에 관한 노하우를 관심 있는 사람에게 전수해 달라고 했다. 그래서 지난 20여 년 동안 방송계에서 쌓아온 필자의 경험을 필요로 하는 곳이 있다면 기꺼이 알려주고 함께 고민하겠다고 대답했다. 이후 여기저기서 함께 일해보자는 연락이 왔는데, 그중 한 곳인 동아TV와 인연을 맺게 되면서 다시 방송계로 복귀하게 되었다.

동아TV는 1992년에 설립되었고, 1999년에 첫 방송을 시작했다. 국내 채널사용 사업자 중 하나인 1차 PP(Program Provider)로서 여성 장르를 선두에서 이끄는 여성전문채널이다. 자신을 사랑하는 Love, 인생을 주도하는 Lead, 자신을 위해 열정적으로 사는 여성 Live를 모토로 삼고 있다. 해외에서도 동아TV를 대한민국 여성패션전문채널로서 행사에 초대하고 함께 프로그램을 공유할 정도다.

동아TV는 여성패션전문채널이라는 타이틀을 유지하기 위해서 수익구조가 열악한 상황에서도 그 자리를 굳건히 지키기 위해 애써왔고, 세계에 대한민국의 패션을 알리는 데 이바지해왔다. 하지만 IMF 외환위기 이후로 회사 대주주가 바뀌고 경영자, 임직원, 직원도 많이 바뀌었다. 방송 경기 침체와 방송 수신료 및 광고비 감소, 고정비 증가, 패션이라는 장르의 협소함 등으로 지속적인 적자에 시달렸기 때문이다. 250여 명이 넘는 사람이 모여 일하던 곳이 현재 15명으로 줄었으니 그간의 고생이 얼마나 심했을지는 미루어

짐작할 만하다.

회사의 적자 운영은 많은 문제를 일으킨다. 적자가 계속되면 가장 먼저 인원을 감축하게 된다. 방송사의 경우 인원이 줄어들면 프로그램 제작 및 운영에 문제가 생긴다. 프로그램에 문제가 생기면, 시청자가 이탈하고 결과적으로 광고가 줄어들게 된다. 광고가 줄어들면, 플랫폼과의 론칭 관계가 유지되기 어렵다. 그러면 당연히 수입이 줄어들게 되고, 줄어든 수입만큼 인원을 감축하는 악순환이 계속된다. 2017년 9월 1일, 필자는 그런 상황의 동아TV에 대표로 취임했다.

변화

필자는 부임한 첫날, 동아TV의 현 상황을 분석하기 위한 스케줄을 정리했다.

첫 번째는, 플랫폼 관리는 어떻게 하고 있는지? 플랫폼별 채널 론칭은 어떠한 포지션을 가지고 있는지? 담당자 관리는 어떻게 하고 있는지? 수신료는 얼마나 받고 있는지? 플랫폼과 진행되는 다른 이벤트는 없는지? 등을 파악하기 위한 일정을 잡았다.

두 번째는, 재무팀에서 자금은 어떻게 관리하는지? 수신료 수익과 광고 수익은 언제 얼마나 발생하는지? 고정적으로 지급되는 자금은 얼마나 되는지? 미집행 건과 미수입금은 얼마인지 등, 수입과 지출을 파악하기 위한 일정을 세웠다.

세 번째는, 동아TV의 대표적 제작 프로그램은 몇 개이며 몇 부작인지? 제작된 프로그램이 얼마나 판매되는지? 편성은 어떤 전략을 가지고 진행하는지? 동아TV의 특성에 적합한 행사에 얼마나 참여하여 프로그램화하는지? 각 PD는 기획안을 몇 개나 작성하고, 이를 토대로 프로그램을 얼마나 제작하는지 등을 살펴보기 위한 일정을 잡았다.

네 번째는, 편성하고 있는 프로그램은 몇 개나 되는지? 자체 콘텐츠와 구매 콘텐츠 비율은 얼마나 되는지? 방송통신위원에서 요청하는 채널 자료는 정확하게 고지하고 있는지? 같은 장르를 운영하는 타 채널과 시청률 및 시청자는 어떤 차이가 있는지? 편성으로 발생하는 매출은 얼마나 되며 어떻게 관리하고 있는지 등에 관한 미팅 스케줄을 확정했다.

이런 식으로 차례차례 미팅을 잡은 것은 방송 운영의 흐름과 관련 있다. 매체사업팀이 플랫폼 관리로 가입자와 수신료를 확보해주면, 제작팀은 방송사의 특성을 살리는 프로그램을 제작하고, 편성팀은 채널의 정체성을 유지하면서 시청률을 높이는 데 힘쓰고, 잠재고객을 주 시청자로 합류시키기 위한 편성전략에 따라 편성한다. 각각의 팀은 고유 업무를 가지고 있지만, 유기적인 협력 없이는 방송이 제대로 이루어지지 않는다. 필자는 이러한 흐름이 원활히 이루어지는지 파악하기 위해 팀별로 미팅을 잡은 것이다.

특히, 필자가 가장 먼저 파악해야 할 일은 동아TV가 시장에서 어느 정도의 위치에 있는지, 즉 가입자 확보를 얼마나 하고 있는지였다. 가입자(시청자) 관리는 수신료 및 광고 관리라 할 수 있고, 그 수익원은 방송 운영 전체 수익의 80% 이상이기 때문이었다. 따라서 이를 파악하는 것은 방송사업을 지속가능하게 하는 첫 관문이라 할 수 있다. 그래서 매체사업팀을 선두로 담당자 인터뷰를 시작하였다.

"플랫폼별, 지역별로 정리된 데이터가 있나요?"
"데이터 정리는 제 업무가 아닙니다."
"그럼 가입자와 수신료 데이터는 누가 관리하나요?"
"가입자는 정확히 잘 모르고, 수신료는 재무팀에서 관리합니다."

매체사업팀에서 관리해야 할 첫 번째 대상은 플랫폼이다. 따라서 플랫폼을 정리한 자료가 없다는 것은 심각한 문제다. 그뿐만이 아니라, 가입자가 얼마나 되는지 모른다는 것은 프로그램을 제공하고 받아야 할 중요 수입원인 수신료 조정 요구를 하기 어렵다는 걸 의미한다. 다음은 재무팀과 미팅을 했다.

"전체 수신료와 광고수익은 얼마나 되죠?"

"수신료와 광고비는 그때그때 입금만 확인하기 때문에 전체 금액은 잘 모르겠습니다. 그리고 세금계산서는 다른 사람이 발행하기 때문에 저는 정확히 모릅니다."

"그럼 고정적으로 집행되는 자금은 매달 얼마나 되나요? 혹시 미수금이나 미지급금은 없나요?"

"글쎄요. 정확하게 정리해 놓은 것이 없어서요. 세금계산서 발행하는 친구가 오면 제가 물어보고 말씀드리겠습니다."

미팅을 하고 나서 재무팀이 월별, 분기별, 연도별 총수입과 총지출에 대해 인지하고 못 하고 있다는 걸 알 수 있었다. 입금만 확인하고 세금계산서는 다른 부서에서 발행한다니, 도저히 이해하기 어려웠다. 그런데 가장 심각한 곳은 따로 있었다. 바로 제작팀이었다. 제작팀은 새로 부임한 필자와 눈도 마주치려 하지 않았다.

"제작팀이 현재 제작하고 있는 프로그램은 어떤 것입니까?"

"〈서울디자인 패션쇼〉 행사를 제작하고 있습니다. 헬스로는 〈리얼피트니스〉 시즌2를 제작했습니다."

"국내 패션쇼 제작은 서울디자인 패션쇼 하나밖에 안 하나요?"

"아니 그건 아닌데요, 행사 마케팅은 우리 업무가 아니라서요."

"그럼 제작 가능한 기획안은 얼마나 가지고 있죠?"

"기획안이요?"

"PD면 최소 주 1편, 1달에 5편 이상 기획해야 하지 않나요?"

"기획서는…"

"정부 프로그램제작 지원 사업은 어느 분이 담당하시나요?"

"저희는 정부프로그램 지원사업 기획서를 직접 작성하지 않습니다, 해본 적이 없어요."

정부프로그램지원 기획서를 작성해보자는 말에 왜 그런 걸 우리가 해야 하냐는 표정을 짓던 담당자를 지금도 잊을 수 없다. 한숨 고르고 편성팀과의 인터뷰를 이어갔다.

"동아TV 편성은 얼마나 하셨죠?"

"송출 편성하다 프로그램 편성을 맡은 것은 2년 되었습니다."

"프로그램은 얼마나 가지고 운영하고 계시나요? 프라임존은 몇 시죠?"

"프로그램 전체요? 그건 정확히 모릅니다, 프라임존이라면…"

"음, 그럼 우리의 주 시청자가 누군가요? 연령대나 지역은?"

"그건 잘 모릅니다."

"그럼 프로그램별 시청률은 산출하실 줄 아시나요?"

"제가 하지는 않고, 시청률데이터 회사에 요청하면 자료를 줍니다."

본인이 편성하는 프로그램을 얼마나 보유하고 있는지도 모르고, 데이터 관리도 안 되고, 시청자층이 어떤지 어느 지역에 강세가 있는지 어느 시간에 집중적으로 시청하는지에 관한 데이터도 없이 편성한다는 것은 눈을 가리고 목적지를 향해 가는 것과 다름없었다.

전 직원 인터뷰 결과, 열심히 일하긴 하지만, 어느 하나라도 정확하게 하는 일이 없고, 각자 맡은 파트가 있기는 하지만, 자기가 하는 일이 어느 파트와 연동되는지 알고 있는 직원이 없었다. 오히려 잘됐다 싶었다. 처음부터 다시 설계하고 시작하면 되기 때문이다.

필자는 우선 매체사업팀에게 플랫폼별 성격과 그해 사업방향, 그리고 담당자부터 임원까지 한 세트로 정리할 것과 플랫폼별 가입자 및 수신료 정리, 광고주와 연관된 광고 편성 및 광고 수익 관계를 한 세트로 정리, 그리고 각 플랫폼과 연관되어 진행하는 각종 행사 및 이벤트를 다른 한 세트로 정리할 것을 요청했다. 물론 그런 정리가 왜 필요한지, 그 의미는 무엇인지에 대해서도 알려주었다.

재무팀에는 수익 관리를 위해 수신료 세금계산서 발행과 입금 관리를 한 사람이 맡아 매달 정리한 후 전체 입금 금액을 보고하도록 했다. 그리고 광고수익 관리, 송출료 관리, 고정비 및 기타 비용 관리도 명확히 하도록 했다. 이때, 중간 중간 함께 숫자를 맞추고 수익과 지출로 업체를 관리하는 방법을 하나씩 공유하면서 정리하게 하였다.

PD들에게는 기획안을 매일매일, 아니 적어도 1주일에 하나 정도는 작성해봐야 한다는 미션을 주고, 설득했다. 기획안 기본 폼을 주면서 예시도 하나씩 주었다. 함께 근무하는 직원과 이야기를 많이 나누어야 한다는 말도 해줬다. 이야기를 하다 보면 아이디어가 생기고 그러한 아이디어는 기획안을 만드는 씨앗 역할을 하기 때문이다. 그래서 주 3회 1시간씩 기획 회의를 가졌다. 바로 진행하지 못하더라도 기획안 쓰는 것을 게을리하지 말기를 요구했다.

편성팀도 만만치 않았다. 편성팀은 매일 1시간씩 편성 공부 시간을 갖게 했다. 띠 편성, 블록 편성, 함포 편성, 연동 편성, 몰아보기 편성 등 다양한 편성 전략을 공부하고, 편성 성공 사례와 실패 사례를 분석해 우리에게 잘 맞는 전략을 찾아 적용해보도록 했다. 전략을 세우려면 특정 지역과 프라임 시간대를 파악해야 하고, 주 타깃 시청자 연령을 분석하는 작업이 선행되어야 한다. 따라서 이전에 진행했던 편성 업무보다 업무량이 배로 늘어나자 여기저기서 한숨 소리가 들리고, 힘들어하는 모습이 보였다.

도전

각 부서장과 부서원이 함께 모여 업무에 대한 궁금증을 서로 해결해주고, 해결이 안 되는 것은 필자에게 물어보며 작은 것부터 하나씩 완성해 나갔다. 그러자 직원들이 조금씩 변하기 시작했다. 자신이 맡은 업무가 무엇인지 아는 만큼 어떤 일을 해야 하는지 이해하는 것 같았고, 각자의 업무를 공유하면서 시너지가 난다는 것도 느끼는 것 같았다.

새롭게 미션을 주고, 이를 하나씩 실천하는 일을 3개월 정도 하니 각자의 의견을 더해 업무를 보는 일이 가능해졌다. 그러나 부작용도 있었다. 기존의 업무보다 많은 것을 해야 한다고 느끼는 직원은 하나둘 회사를 떠났다. 그러한 자리에 새로운 경력자가 들어오고, 그동안 쌓아온 능력을 기존 직원들 앞에서 유감없이 발휘하자, 기존 직원의 하고자 하는 의지에 불이 붙었다. 이러한 변화는 필자가 동아TV를 플랫폼 사에 홍보할 때 강력한 무기가 돼 주었다.

필자는 변화된 데이터를 들고 마음을 다해 플랫폼 관계자들을 만났다. 새롭게 변신하고, 끊임없이 노력하는 동아TV 직원이 있는 한, 동아TV는 건강하게 제자리로 돌아올 것이라고 설명했다. 하지만 필자와 만난 플랫폼 담당자와 임직원들은 동아TV는 평가가 최하위여서 더는 함께할 수 없다는 이야기만 반복했다. 플랫폼에서 퇴출 채널 1순위가 된 동아TV를 다시 무대 위에 올리기 위해서는 결과물이 필요했다. 그러나 변화의 바람이 알찬 결실을 보려면 시간이 좀 더 필요했다. '과연 내가 해낼 수 있을까? 어떻게 해야 이 난국을 헤쳐 나갈 수 있을까?' 하는 생각이 온종일 머릿속에서 떠나지 않았다.

그러나 넋 놓고 있을 수만은 없었다. 한 번 밀어내면 두 번 찾아가고, 세 번 연락이 안 되면, 네 번 했다. 이렇게 해서 플랫폼 담당자 및 임직원과 수없이 약속을 잡고, 만나서 동아TV의 가능성과 1차 PP로서의 산업적 가치를 강조했다. 그리고 개선계획서를 보여주며 어떤 일이 있어도 이행하겠다고 약속했다. 그 사이 직원들의 변화에 속도가 붙으면서 큰 틀이 하나씩 만들어졌다. 그렇게 해서 얻은 값진 결과물들을 잘 정리하여 설명하고 변화된 제작 프로그램을 보여주며 만나길 6~7개월, 기회를 주는 플랫폼 회사가 조금씩 생겼다. 또한 필자를 믿고 기다려 주는 회사도 생겼다. 나중에 방송 PP사 대표 중에 신입부터 시작해서 대표이사까지 올라간 첫 번째 사례라는 점이 플랫폼 사들이 기회를 준 가장 큰 이유였다는 얘기를 들었다.

이러한 일이 가능했던 것은 '방송제작인력양성 과정' 운영 4년 동안 원생들을 제작에서 편성, 송출, 판매에 이르기까지 프로세스를 지도하며, 하나하나 교안을 만들고 새롭게 미취업자를 선발하여 이론부터 실기까지 가르치고 공유하고 취업까지 연결되는 일을 하였던 경험 덕분이었다. 동아TV 직원 한 명, 한 명 특성에 맞게, 직무에 맞는 맞춤 교육이 가능했고, 파트별로 부족한 부분을 파악하고, 보완해주고, 피드백해 줄 수 있었다.

기회

이렇게 회사의 체질이 바뀌자 직원들도 적극적으로 바뀌었다. 예를 들어 편성팀의 경우, 편성팀 업무가 회사에 얼마나 중요한지 깨닫게 되었고, 현재 보유한 콘텐츠가 너무 많아 잘 모른다고 하던 직원들은 연도별, 시즌별로 무엇이 있는지 알게 되었다. 타 방송사와 유사 장르 콘텐츠를 스왑하는 방법은 물론 본방, 재방, 초방 비율도 척척 맞춰갔다.

처음에는 모든 게 어설펐던 편성팀 직원들이었지만, 시간이 흐르자 어떤 점을 중점으로 편성 전략을 세워야 하는지 자신의 의견을 말하기 시작했다. 이제 편성팀은 프로그램별 시청자 도달률 및 기간별 편성 전략과 홍보 전략까지 다 해내고 있다. 이러한 편성팀의 변화는 채널의 잃어버린 정체성을 찾는 데 큰 도움이 되었다.

직원들이 변화하자 "동아TV가 많이 바뀌었어요. 프로그램을 대거 구매한 건가요? 비결이 뭐죠?"라는 말이 주변에서 들리기 시작했다. 이처럼 동아TV를 바라보는 외부의 시선이 긍정적으로 바뀐 것을 편성팀과 공유하고, 그들이 스스로 이루어낸 기적에 찬사를 보내고 격려해주었다.

제작팀도 비슷한 과정을 거쳤다.

"이런 것은 어때요?"
"이런 부분이 부족한 것 같은데, 좋은 아이디어 없을까요?"
"어떻게 하면 동아TV의 정체성을 지키면서 많은 시청자를 끌어

올 수 있을까요?"

"프로그램 제작뿐만 아니라 판매도 고려해 볼까요?"

"이번에 새롭게 기획해봤습니다. 제작 가능한지 피드백 바랍니다."

이런 화두를 적극적으로 던지자 PD들의 부정적인 태도가 조금씩 변했다. 그리고 적극적으로 아이디어를 쏟아내었다. 이런 과정을 거쳐 프로그램이 제작되고, 판매까지 되자 PD들은 자신이 이루어낸 성과임에도 믿기지 않는다는 표정을 지었다. 아무튼 이런 노력 덕분에 최하위에 머물던 자체 제작 프로그램 점수를 평균치까지 끌어올릴 수 있었다.

이렇게 내부 생산라인이 건강한 콘텐츠를 만들어내고 편성하기 시작하면서 거둔 가장 큰 성과는 동아TV를 떠났던 시청자가 돌아왔다는 점이다. 여기서 더 나아가 국내 패션쇼 대부분의 주관 방송사로 선정되면서 동아TV는 예전의 명성을 되찾을 수 있었다.

"우리 콘텐츠를 누가 사겠어?"라며 회의적이던 직원들이었지만, 이제는 먼저 "팔아봅시다, 안 되는 게 어디 있습니까? 해 봅시다."라며 의욕을 보였다. 이는 곧 성과로 이어졌다. 우리 프로그램이 해외에 독점 판매된 것이다. 한 번 길을 트자 해외 판매가 이어졌다. 지금도 일본 NHK 등에 시즌으로 프로그램을 파는 등, 해외 판매가 호조를 보인다.

이런 성과는 제작팀에 하면 된다는 용기를 주었다. 편성팀도 프로그램 편성을 잘하면 홍보가 될 뿐만 아니라, 판매로까지 이어진다는 사실을 깨달았다. 그리고 이전에는 각자 힘겹게 일을 했다면, 지금은 팀 전체가 협력하여 즐겁게 일하고 있다. 매체팀은 플랫폼별 채널 평가 최하위인 F등급에서 C등급까지 1년이라는 짧은 기간에 순위를 끌어올렸다. 이처럼 좋은 결과물은 가입자가 700만이 증가하는 결과로 나타났고, 수신료 수익에도 영향을 미쳤다. 광고 매출 또한 전년 대비 약 4억 원 이상의 수익을 냈다.

대부분의 직장인은 하루 8시간 이상을 직장에서 동료와 같이 보낸다. 동아TV도 그렇다. 어떻게 보면 가족보다 더 많은 시간을 함께 보내는 것이다. 이제 동아TV는 직급이나 부서의 구분 없이 함께 고민하고 함께 성장한다. 대표실도 직원들에게 늘 열려있다. 이제는 누구나, 언제든 대표실에 들어와 의견을 나누고 고민을 털어놓는다.

"대표님에게 이렇게 이야기해도 되는지 몰랐습니다. 저희 이야기를 들어줘서 고맙습니다."

"이렇게 할 수도 있었던 거였네요. 해낼 수 있도록 함께 나누고, 기다려주고, 응원해 주셔서 감사합니다."

동아TV에 가장 오래 몸담은 8년 차 대리가 필자에게 한 말이다. 대표이사의 역할이 어떤 것인지 정확히 드러내 주는 말이 아닌가 싶다.

약 1년의 세월이 지나자 직원들은 자신이 하는 일의 중요성을 깨닫고, 책임감을 가지고 전략을 세우게 됐다. 그리고 정기적인 보고를 통해 다른 직원과 자연스럽게 공유하게 됐다. 각 부서가 유기적으로 연결돼야 제대로 된 방송이 이루어진다는 것을 직원들은 깨달은 것이다.

지금의 동아TV는 이전과 많이 달라졌다. 동아TV만의 색깔을 담은 프로그램 제작으로 떠났던 시청자를 다시 불러 모았다. 그리고 잠재 시청자층이 새롭게 형성되면서 한 단계 성장했다. 조직의 형태는 상명하달식 업무에서 벗어나, 서로의 업무를 공유하고 의견을 나누는 수평조직으로 거듭났다. 이렇게 회사가 안정되니 직원들은 더욱 힘을 내어 일한다. 일은 많아졌지만, 일하는 게 신나고 재미있다고 말한다. 업무에 더 전문성을 갖기 위해 공부가 필요하다고 느끼고 학업을 이어가는 직원들도 생겼다. 고등학교 졸업자는 대학 진학을, 경영지원실 실장과 매체사업팀 과장은 MBA 과정에 다니며 스스로 자기 가치를 높여가고 있다.

모든 직원이 힘을 합쳐 숨 가쁘게 달려온 덕분에 필자가 대표이사로 부임한 지 1년 3개월 만에 동아TV는 만년 적자를 벗어났다. 필자는 지난 2017년 12월에 직원들과 연봉협상을 하며 회사가 적자이기 때문에 임금을 동결할 수밖에 없다고 했고, 함께 열심히 일해서 흑자가 나면 성과를 나누겠다고 했다. 그 약속을 지킬 수 있게 된 것은 필자를 포함한 임직원이 꼼파니아 정신에 공감하고 선순환을 일으킨 덕분이라고 생각한다. 필자와 함께 같은 곳을 바라보며 변화에 동참해준 동아TV 전 직원에게 이글을 통해 고맙다는 말을 전하고 싶다.

마음을 얻는 경영,
위너스무역

김희태 (위너스그룹 대표)

모두가 윈윈하는 위너스 경영

필자는 25년 전에 보험사 판촉물 납품업으로 사업을 시작하여 도매, 무역으로까지 사업을 확대했다. 현재는 무역, 유통, 3자 물류사업, 인터넷 판매사업 그리고 임대업을 하고 있다. 5년 전부터는 경영이 어려운 업체를 대상으로 은행 자금 및 공장 매입, 마케팅에 관하여 무료 컨설팅도 하고 있다. 요즘은 업무시간의 반은 회사 업무에 할애하고, 나머지 반은 컨설팅에 할애하고 있다.

필자는 사람, 비전, 공감을 염두에 두고 회사를 경영하고 있다. 회사 이름도 이런 생각에서 위너스로 지었다. 필자 혼자만의 승리가 아닌 직원, 협력업체, 고객 등 필자와 관련된 모든 사람이 성공하기를 바라는 뜻에서 지은 것이다. 즉, 필자의 경영방식은 위너스 경영이라 할 수 있다.

필자는 사업 확장이나 많은 돈을 버는 것에 목표를 두고 있지 않다. 우리 회사의 규모에 맞게 안정적으로 포트폴리오를 짜서 파트너와 지속적으로 사업을 영위해나가는 것이 목표다.

위너스는 무역회사 3개, 물류회사 1개, 인터넷회사 1개, 부동산관리 회사 1개로 이루어져 있다. 회사 숫자에서 알 수 있듯이 주력 사업은 무역이다. 그런데 전 세계를 돌아다니며 무역을 하고 있지만, 무역부 직원은 없다. 우리 회사와 거래하는 글로벌 회사의 지원을 받거나, 나라마다 프리랜서 통역을 두고 있기 때문이다.

B2B 유통, 물류회사 역시 영업사원 없이 벤더사를 영업사원화 하여 일하고 있다. 그중에 대기업 임원 출신도 많이 있어 아주 효율적이다. 물류회사는 14,000 팔레트(pallet)를 보관할 수 있는 물류센터를 운영하고 있는데, 경쟁사의 약 40% 정도밖에 안 되는 직원으로 운영하고 있다. 그런데도 직원의 만족도는 높다.

고객보다 직원 우선

필자는 두 가지 원칙에 따라 직원을 뽑는다. 첫째는 돈으로 직원을 사지 않는다는 것이다. 필자는 직원을 뽑을 때 동종업계보다 연봉을 높게 주지 않고 1년을 채용한다. 그리고 1년이 지나 연봉협상을 할때 본인의 몸값을 스스로 정하라고 한다. 이때 최소 10% 인상을 보장한다. 대체로 1년을 버티는 직원은 10~20% 정도 급여 인상과 더불어 배당금을 지급한다. 직원 자녀에게 교육비도 지원한다. 대학교 등록금은 물론, 유학비도 1년에 1만 달러 한도에서 지원하고 있다.

둘째는 직원을 가족으로 생각한다는 것이다. 우리나라 기업이 세계적으로 경쟁력을 갖추려면 고객만족(감동)보다는 직원 감동에 신경 써야 한다. 최근 들어 고객보다 직원을 먼저 생각하는 기업이 늘고 있기는 하지만, 아직 갈 길이 멀다고 생각한다. 블랙컨슈머(Black Consumer), 갑질하는 거래처가 사라지지 않는 한, 직원 보호가 우선되어야 한다.

한 가지 예를 들어 보겠다. 언젠가 이름만 대면 알 수 있는 대기업 고객사의 요청으로 3자 물류를 맡게 되었다. 이전의 3자 물류회사가 상품 보관도 잘 못하고, 선입선출법으로 출고하지 않아 1년에 버리는 물량이 10억 원 이상이나 되었기 때문이다. 이 회사가 우리 회사에 물류관리를 맡기고 나서는 10억 원 이상 이익을 보게 되었다.

그런데 그 회사 직원들은 본인이 할 일을 우리 직원에게 시키는가 하면, 출고지시서를 보내지 않은 채 전화나 카톡으로 발주했다. 그러다가 결국 문제가 생기고 말았다. 홍콩에 수출하는 건이었는데, 고객사에서 출고지시서 없이 전화로 주문하는 바람에 우리 회사 직원이 실수를 한 것이다. 수출의 경우 후입선출법으로 출고해야 하는

데 직원이 실수로 선입선출법으로 출고해서 벌어진 일이었다. 만약 출고지시서가 있었다면 이런 실수는 하지 않았을 것이다.

고객사는 책임을 우리 직원에서 물어 무리한 배상을 요구했다. 당시 필자는 출장 중이라서 고객사에서 요청한 배상금을 지급하라고 지시하고 바로 귀국하여 담당직원에게 사실관계를 물었다.

직원은 수출 건은 후입선출법으로 출고하는 것이 맞고, 본인이 실수한 것도 맞다고 했다. 하지만 출고지시서를 요청해도 무시하고 전화로 출고 지시를 하는 바람에 그렇게 됐다고 했다. 직원은 이 일로 마음의 상처를 많이 받은 데다, 회사에 큰 손실을 입혔다는 죄책감 때문에 회사를 그만두려고 했다.

당시 고객사로부터 얻는 보관료 수입이 연간 5억 원쯤 되었다. 물류회사를 시작한 지 1년 정도밖에 되지 않았을 시기이기 때문에 수입의 50%를 차지하는 매우 중요한 고객사였다. 필자는 고객사와 직원 중 하나를 선택해야 했다. 그때 필자는 이렇게 생각했다. '갑질하는 회사로부터 직원을 보호하지 못하는 대표가 회사를 경영할 자격이 있는가?'라고 말이다. 필자는 망설임 없이 직원을 택했다. 필자는 즉시 고객사에 연락해 거래를 중지하겠다고 했다.

이 일로 금전적인 손해를 많이 보았지만, 절대 후회하지 않는다. 직원들의 신뢰를 얻었기 때문이다. 이후로 직원들은 필자를 회사 대표가 아닌 부모처럼 생각하기 시작했다. 어떤 외부의 압력이 있더라도 대표이사가 막아줄 것이라는 믿음을 가지고 직원들은 열심히 자신이 맡은 일을 해나갔다. 덕분에 1년 만에 손해를 만회하고, 수익을 낼 수 있었다.

예를 한 가지 더 들어보겠다. 물류센터를 시찰할 때였다. 직원 한 명이 다리를 조금 절면서 걷기에 물어봤더니, 포장하고 남은 파지를 버리다가 미끄러지는 바람에 다쳤다고 했다. 필자는 직원에게 일을 중단하고 즉시 병원에 다녀오라고 했다. 그런데 직원은 의사가 권하는데도 비용이 많이 든다며 MRI를 찍지 않았다. 그래서 필자가 직접 직원을 차에 태워 병원에 데려가 MRI를 찍게 했다. 검사 결과 인대 손상이었다.

병원에서는 1달 정도 쉬어야 한다고 했다. 필자는 직원에게 급여를 100% 다 줄 테니 걱정하지 말고 1달 쉬고 다시 나오라고 했다. 그러나 직원은 3일만 쉬고 출근했다. 왜 쉬지 않고 나왔냐고 하니 회사에 일도 많고 다른 직원에게 미안해서 그렇다고 했다. 하지만 가장 큰 이유는 회사에 나오는 게 즐겁고 직원들이 보고 싶어서라고 했다. 겉으로는 더 쉬지 않고 나온 직원을 나무랐지만, 마음속으로는 무척 기뻤다. 집보다 편한 회사를 만드는 게 꿈이었기 때문이다.

원한을 살 것인가, 사람을 얻을 것인가

위너스는 휘슬러, 코렐과 같은 생활주방용품을 수입하여, 주로(90%

이상) 대기업을 상대로 B2B 거래를 하는 계열사를 운영하고 있다. 동종업계에서 1% 안에 들어가는 톱클래스 회사다. 이 회사는 영업사원을 채용해서 직접 납품하는 방식이 아니라, 약 180개의 벤더사를 통해서 납품하는 방식을 취하고 있다.

우리 회사를 찾아와 신규거래를 하고자 신청하는 업체가 1년에 약 700개 정도 된다. 이중 우리가 승인하는 업체는 대략 10개 정도이다. 우리 회사와 거래를 하지 못 하게 된 회사의 경우 우리 회사를 나쁘게 볼 수도 있지만, 전혀 그렇지 않다. 우리와 거래를 못 하게 되더라도 "위너스와 꼭 거래하고 싶으니 기존 벤더사의 사정으로 TO가 나면 연락해주세요."라고 부탁한다.

그 이유는 우리 회사와 거래를 하게 되든 아니든 상담에 최선을 다하기 때문이다. 상담 약속이 잡히면 필자가 직접 오랜 시간 정성을 다해 상담한다. 그래서 거래가 성사되지 않더라도 상담을 마칠 때쯤이면 "왜 모든 거래처나 벤더사가 위너스와 거래를 하고 싶어 하는지 알겠다."며 다음에 꼭 거래할 수 있기를 희망하는 것이다.

우리 회사는 앞서 말했듯이 영업사원이 없다. 그 대신 벤더사를 영업사원화 해서, 각자 영업할 회사를 지정해 준다. 그런 만큼 파트너 벤더사에 대해서는 다른 경쟁 공급사에서는 도저히 할 수 없는 서비스를 제공한다. 이처럼 위너스는 사람을 믿고 거래하는 데 중점을 두고 있다.

이와 관련하여 예를 하나 들어보겠다. 우리 회사는 사업 특성상 박스를 많이 구매한다. 어떤 박스 업체와 처음 거래를 하게 됐는데, 그 업체가 일을 제대로 하지 못했다. 선물 박스를 주문했는데 인쇄 실수는 물론, 지분(종이 먼지)이 많이 생기는 바람에 전량 불량처리할 수밖에 없었다. 이렇게 되면 박스 업체는 큰 손해를 입기 때문에 불량 박스를 70% 할인해 주는 조건으로 위너스에서 인수해 줄 것을 요청했다.

필자는 그 제안을 일단 거절했다. 선물 박스는 고객의 첫인상에 큰 영향을 끼치는 것이기 때문에 새롭게 납품해달라고 요청했다. 그리고 불량 박스는 나중에 인수할 수 있으면 인수하겠다고 했다. 박스 업체 사장님은 필자의 말을 믿고 불량 박스를 보관해 두었다.

한 달 후 대기업에서 특판 주문이 들어왔다. 마침 잘 됐다 싶어, 벤더사에 인쇄 불량 박스에 대한 사정 이야기를 하고 승낙을 받아 납품했다. 그런데 박스 업체에서 70% 할인된 금액으로 세금계산서를 발행했다. 필자는 박스 회사 사장님을 우리 회사로 모셔 이야기했다.

"위너스의 상품을 불량 박스에 넣어 납품하기는 했지만, 그 때문에 가격을 낮추지는 않았습니다. 그러니 70% 할인된 금액이 아니라 정상 가격으로 계산서를 발행하시고 앞으로 더 신경 써서 납품해 주십시오."

그랬더니 연세 지긋한 사장님께서 눈물을 흘리며 말씀하셨다. 얘기인즉슨, 대부분의 거래처 사장은 불량 난 박스를 70% 할인된 가격으로 매입해 달라고 요청하면, 파지 값밖에 안 되는 90% 할인된 가격으로 납품하라고 한다는 것이었다.

이 일을 통해 큰 깨달음을 얻었다. 사업 파트너의 어려움을 틈타 이익을 챙기면 원한을 사지만, 어려움을 함께 헤쳐나가면 사람을 얻는다는 점을 말이다.

사업에 성공하고 싶으면 마음을 얻어라

2006년부터 올리브스토리란 브랜드로 터키에서 해바라기씨유를 수입하여 대기업에 납품했다. 특히 보험사에서 명절에 고객에게 식용유를 많이 선물한다. 우리 회사가 이 사업에 뛰어들기 전에는 백설표 식용유와 해표 식용유가 시장의 90%를 차지하고 있었다. 우리 회사는 어려운 환경 속에서도 약진을 거듭해 대기업을 누르고 시장 점유율 70%를 차지했다.

이렇게 사업이 잘되어, 2008년 1월에는 식용유 400만 병을 계약했다. 추석과 다음 해 설날에 필요한 물량이었다. 식용유 국제시세는 석유시세와 비슷하게 움직이는데, 당시 미국과 이란의 관계가 좋지 않아서 터키 공장에 부탁해 계약금 10%를 지급하고 400만 병을 선물계약한 것이다.

그런데 계약한 뒤에 미국과 이란의 관계가 급격히 나빠지면서 유가가 오르기 시작했다. 2주 뒤에 20% 정도 오르더니 6월쯤엔 배럴당 80달러 하던 것이 140% 가까이 치솟았다. 당연히 식용유 가격도 많이 올랐다. 우리 회사는 오르기 이전에 많은 물량을 확보해 두었기 때문에 큰 수익을 올릴 수 있으리라 생각했다.

그런데 문제가 생겼다. 포워딩 회사의 실수로 중동을 경유하는 배에 제품을 선적한 것이다. 그 배는 중동에서 물량이 다 찰 때까지 출항하지 않는 배였다. 그래서 추석에 판매하는 것은 포기하고 설날에 판매할 수밖에 없었다.

그러나 더 큰 문제는 따로 있었다. 미국과 이란의 관계가 회복되면서 배럴당 140달러 하던 것이 배럴당 40달로 추락한 것이다. 엎친데 덮친 격으로 세계 금융위기의 영향으로 달러까지 올라 계약할 때와 큰 차이가 났다. 계약할 때는 1달러에 927원이었는데, 결제해야 할 시점에서는 1,400원까지 오른 것이었다.

그래서 터키 공장에 사정 이야기를 하고 설에 판매할 해바라기씨유 200만 병은 계약금 10%를 포기할 테니 구매를 취소해 달라고 부탁했다. 그런데 터키 공장에서는 일단 이곳으로 와서 올리브스토리를 위하여 준비해 놓은 것을 보고 나서 취소할지 말지 결정해 달라고 했다.

필자가 터키 공장을 방문하여 확인해보니 우리 회사에 수출하려고 미리 매입해 놓은 페트병, 포장박스, 스티커 등이 창고에 가득 차 있었다. 터키 공장 관계자는 수출 목적으로 수입한 곡물이나 원유는 수출하지 않을 경우 국가로부터 엄청난 페널티를 받는다며 계약을 유지해 달라고 사정했다.

필자는 고민에 빠졌다. 단순히 계산해 봐도 계약할 당시와 지금은 가격이 배 이상 차이가 났다. 즉, 계약금을 포기하고 다른 공장에서 새로 매입하면 반 가격에 매입할 수 있다는 뜻이다. 금액으로는 대략 13억 원 차이였다. 필자는 고민하다가 손해를 감수하고 매입하기로 결정했다. 터키 공장이 계약금 10%만 받고 우리 회사를 위해 이렇게 모든 것을 준비했는데, 여기서 계약을 포기하면 큰 손해를 끼칠 것 같았기 때문이다. 터키 회사 회장님은 필자의 결정에 고마워하며 20만 달러를 지원해 주었다.

2년이 지난 뒤, 건강에 대한 사람들의 관심이 높아지면서 페트병보다 유리병에 담긴 해바라기씨유의 인기가 높아졌다. 그래서 터키에 해바라기씨유를 유리병에 담아 수입하고 싶다는 의사를 전달했다. 문제는 우리 회사가 거래하는 터키 공장에는 페트병 생산라인밖에 없다는 것이었다. 그런데 문제는 곧 해결됐다. 보고를 받은 터키 회사 회장님이 병에 주입하는 기계를 이탈리아에 주문하라고 지시했기 때문이다. 지난번에 우리 회사가 큰 손해를 감수하고 계약을 유지한 것에 대한 보답이었다. 덕분에 우리 회사는 병에 담긴 해바라기씨유를 다른 회사보다 빨리 한국에 공급하여 새로운 시장을 선점할 수 있었다. 지금도 선물용 식용유 시장에서 1위를 유지하고 있다.

당시 입사한 지 얼마 안 돼 우리 회사를 담당했던 터키 공장 직원은 현재 아시아 지역 수출 총 책임자 자리에 있다. 그가 말하기를 미스터 김은 영어를 못 하지만, 세계 어디에 가든지 그 나라 사람과 공감할 수 있는 마음을 가지고 있다고 했다. 이처럼 사업은 사람의 마음을 얻어야 성공할 수 있는 것이다.

PART 3

일하고 싶은
혁신기업 만들기

사례에서 배우는 혁신기업의 조건

혁신기업, 어떻게 만들 것인가?

사례에서 배우는
혁신기업의 조건

한국의 혁신기업, 어떤 특성들이 성공을 만드는가?

지속적으로 사업 경쟁력을 유지하면서 직원들과 함께 성장하고 발전하는 기업들. 이 기업들은 어떤 특성이나 역량을 가지고 있을까? 일반적으로 이러한 혁신기업들[13]은 새로운 기회 포착과 시장 개발, 기술혁신, 직원역량 개발, 고객과의 공감, 이해관계자들과의 협력, 그리고 이를 뒷받침할 조직문화를 가지고 있다고 알려져 있다.

---

13) 이러한 기업들은 혁신기업, 좋은 기업, 지속성장 기업, 초우량 기업, 일하고 싶은 기업, 존경 받는 기업, 명품기업 등으로 불리고 있다.

앞서 살펴본 6개 사례 기업들의 핵심 성공요인도 다 같지는 않지만, 다수의 기업들에서 도출되는 핵심 요인들이 있다. 한국의 사례 기업들에서 찾아볼 수 있는 핵심 성공요소들을 정리해 보면 다음과 같다. 이들 요소들은 크게 공감, 역량 개발, 권한 위임 등 '사람 관련' 요인들과 꿈, 혁신, 실행력 등 '사업 관련' 요인들로 나누어 볼 수 있다. '실행력'은 모든 사례들에서 공통적으로 나타난 성공요소다.

〈사례 기업들의 핵심 성공요인〉

사례 기업	성공의 핵심 요소
BTS	공감 - "우리의 이야기를 할게" 소통 - "너의 목소리를 귀담아 들을게" 진정성 - "본 모습을 보여줄게" 육성 훈련(실력) - "더 잘 하려고 노력할게"
여의 시스템	꿈의 공유 - "꿈의 크기가 혁신성장의 크기" 인센티브 활용형 성과공유 제도 (경쟁, 공유, 위임) 지속적 혁신 - "환경 변화 대응, 새로운 기회 추구"
델스타 홈멜	고객 고통 중심 팀워크 - "고객 고통에 민감하라" 구성원의 주도적 판단과 창의성 존중 고객 문제 해결 중시의 이타적 기업문화
동신유압	꿈과 흥이 있는 일터 (즐길거리, 웃을거리, 희망거리) 직원 중시 - "공부하는 회사, 직원이 곧 경쟁력" 혁신과 창조성을 바탕으로 매출 성장
동아TV	권한 위임 - "책임감 부여, 주도적으로 성과 창출" 열정을 가지고 새로운 기회 추구 고객, 협력업체로부터의 신뢰 구축
위너스 무역	마음을 얻는 경영 - "이해관계자의 행복 추구" 고객보다 직원 우선 진정성 경영 - "손해를 보더라도 신뢰 중시"

〈혁신기업들의 핵심 성공요인 종합분석〉

		BTS	여의시스템	델스타홈멜	동신유압	동아TV	위너스무역
사람성장	공감 (Empathy)	O		O			O
	권한 위임 (Empowerment)		O	O	O	O	
	역량 개발 (Enablement)	O			O		
	생태계 (Ecosystem)			O		O	O
사업혁신	꿈 주기 (Envisioning)		O		O		
	열정 (Enthusiasm)					O	O
	혁신 (Experimentation)	O	O				
	실행력 (Execution)	V	V	V	V	V	V

　　혁신기업의 성공요인에 대한 이론연구 및 사례연구 결과를 종합해보면, 한국의 혁신기업 성공요인으로 ① 공감, ② 권한 위임, ③ 역량 개발, ④ 생태계, ⑤ 꿈 주기(비전 제시), ⑥ 열정, ⑦ 혁신, ⑧ 실행력 등 8개 요인을 제시할 수 있다. 혁신기업의 성공요인을 실천적 관점에서 살펴보면, 다음의 선순환 사이클로 정리할 수 있다.

〈혁신기업 성공의 선순환 사이클〉

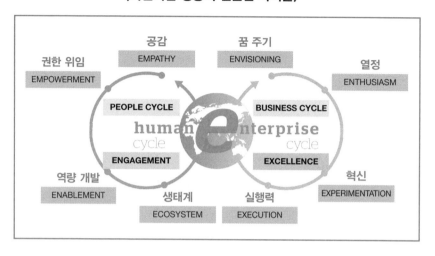

한국의 혁신기업 사례들이 보여주는 혁신기업의 특성과 시사점
은 무엇일까? 가장 큰 축은 사람 성장과 사업 혁신이다.

사람 성장과 직원 헌신 (People – Growth & Engagement)

- 직원·고객과 공감하라 [Empathy]. 공감을 통해 직원을 춤추게 하고
  기업과 자신의 발전에 헌신하게 하라.
- 권한을 위임하라 [Empowerment]. 위임은 자율성을 촉진하고, 권
  한 위임의 크기가 기업 혁신의 크기를 결정한다.
- 직원을 고수로 키우라 [Enablement]. 직원 역량 개발을 위해 학습
  시스템과 동기부여 체제를 갖추라.

- 신뢰 위에 건강한 생태계를 구축하라 [Ecosystem]. 협력 생태계 속에서 소통하고 상호 신뢰를 더욱 쌓으라.

사업 혁신과 기회 실현 (Business – Innovation & Excellence)

- 기업의 꿈과 미션, 비전을 정립하고 직원들과 공유하라 [Envisioning]. 꿈은 함께 꿀 때 실현 가능성이 높아진다.
- 열정을 가지고 위험을 감수하고 관리하라 [Enthusiasm]. 절박함을 가지고 위험에 맞선 기업이 기회를 얻는다.
- 혁신을 통해 성장하라 [Experimentation]. 다양한 혁신 방식을 활용하라.
- 빨리 실행에 옮기고 목표를 달성하라 [Execution]. 혁신기업들은 기회의 창이 열려 있을 때 빨리 실천하여 성과를 얻는다.

이상의 8가지 혁신기업의 핵심 성공요인과 실천전략은 '사람중심 기업가정신'(humane entrepreneurship)[14]의 10가지 구성요소들과 지향점이 유사하며, 궤를 같이하고 있다. 즉 한국의 성공적인 혁신기업들에서 사람중심(사람성장) 기업가정신이 잘 실현되고 있음을 알 수 있다.

---

14) 배종태, 송창석, 김용진, 강명수, 박지훈, 김기찬, 《사람중심 기업가정신》, 더메이커, 2018.

한국의 혁신기업 특성과 외국 연구결과 비교

한국의 혁신기업들에서 나타나는 핵심 성공요인들과 외국의 혁신 기업들에서 나타나는 핵심 성공요인들에 차이가 있을까? 외국의 대 표적인 연구로 헤르만 지몬의 히든 챔피언 연구가 있다. 지몬은 독 일의 히든 챔피언 기업들의 특성을 다음 7가지로 제시했다.

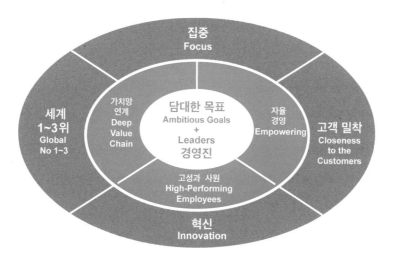

① 담대한 목표와 탁월한 경영진 (Leadership with Ambitious Goals)

② 핵심역량·핵심사업에 집중 (Focus)

③ 글로벌 지향의 우수 제품 (Global No. 1~3 / Specialization)

④ 혁신 (Innovation)

⑤ 고객 밀착 (Closeness to the Customers)

⑥ 가치망 연계 (Deep Value Chain / Depth)

⑦ 고성과 직원과 문화 (High-performing Employees & Culture)

한편 미국의 피터스(Peters)와 워터만(Waterman)이 1982년에 발간한 책《초우량기업의 조건》(In Search of Excellence)은 산업계와 학계에서 큰 반향을 일으켰는데, 그들이 제시한 초우량기업의 8가지 조건은 다음과 같다.

① 철저하게 실행하라 (A bias for action).

② 고객에게 밀착하라 (Close to the customer).

③ 자율성과 기업가정신을 가져라 (Autonomy & entrepreneurship).

④ 사람을 통해 생산성을 높여라 (Productivity through people).

⑤ 가치에 근거해 실천하라 (Hands-on, value-driven management philosophy).

⑥ 핵심사업에 집중하라 (Stick to the knitting).

⑦ 조직을 단순화하라 (Simple form, lean staff).

⑧ 엄격함과 온건함을 지녀라 (Simultaneous loose-tight properties).

한국의 혁신기업 핵심 성공요인들과 독일의 히든 챔피언 특성, 미국의 초우량기업의 조건 등을 비교해 보면, 연구 결과들 간에 상당한 유사성이 있음을 알 수 있다. 이는 이 책에서 사례연구를 바탕으로 제시한 8가지 핵심 성공요인들이 한국뿐 아니라 다른 나라에서도 적용될 수 있다는 시사점을 주고 있다. 앞으로 여러 나라들에서의 사례연구와 통계분석 등 다양한 비교연구와 심층연구가 더 필요하며, 지속적인 실천 방안 모색 노력이 더 필요하다.

〈혁신기업 핵심 성공요인 및 특성에 대한 연구결과들의 비교〉

	한국의 혁신기업 특성	독일의 히든 챔피언 특성	미국의 초우량기업 특성
공감	직원·고객과 공감하라	고객에게 밀착하라	엄격함과 온전함을 지녀라
권한 위임	권한을 위임하라	고성과 직원과 문화를 만들라	조직을 단순화하라
역량 개발	직원을 고수로 키우라		사람을 통해 생산성을 높여라
협력 생태계	소통하고 신뢰를 쌓아라	가치망과 잘 연계하라	고객에게 밀착하라
꿈 주기	기업의 꿈/비전을 정립하고 공유하라	담대한 목표와 기업가 정신을 가지라	가치에 근거해 실천하라
		글로벌 리더를 지향하라	
열정	위험을 감수하고 관리하라	핵심역량 및 핵심 사업에 집중하라	자율성과 기업가 정신을 가지라
혁신	혁신을 통해 성장하라	혁신을 일상화하라	핵심사업에 집중하라
실행	빨리 실행에 옮기라		철저하게 실행하라

혁신기업,
어떻게 만들 것인가

꿈을 주고 공감하게 하라,
그러면 이토록 신나는 혁신이

혁신기업 만들기, 어디에서 시작해야 하나?

조직이 지속적으로 성장하려면 끊임없는 혁신이 필요하다. 그렇지만 혁신을 수행하는 것은 힘들고 불확실성도 크고, 구성원들의 참여와 헌신을 얻기도 쉽지 않다. 혁신은 꼭 해야 하나? 어떻게 구성원들이 혁신을 '신나게' 할 수 있도록 만들 수 있는가? 이런 고민에 빠진조직의 경영자들은 경영학 분야의 석학인 피터 드러커가 기업가들에게 제시한 다음 5가지 질문에 대답해 보는 것으로 혁신기업 만들기를 시작할 수 있다,

질문1 : 우리의 사명은 무엇인가? (mission)

질문2 : 우리의 고객은 누구인가? (customer)

질문3 : 고객이 원하는 가치는 무엇인가? (value)

질문4 : 우리의 성과 목표는 무엇인가? (performance)

질문5 : 우리의 실행 계획은 무엇인가? (plan)

혁신기업 만들기의 출발은 미션과 꿈을 설정하고 이를 공유하는 데에서 출발해야 한다. 경영의 구루인 피터 드러커는 기업을 포함한 모든 조직을 '사회적 기구(social institution)'로 보았고, 조직의 성과는 구성원들의 성과에 의존한다고 설파했다. 그리고 기업은 국가와 사회에 기여해야 할 책임이 있다고 보았다. 기업의 미션을 이러한 인식을 바탕으로 설정하고, 실행하여야 한다. 기업의 미션 사이클은 다음의 5단계를 따라 진행할 수 있다.

단계1 : 기업 미션 설정하기 (determining)

단계2 : 해결할 문제 파악과 차별화된 해결책 모색 (differentiating)

단계3 : 이를 반영한 사업모형 설계 (designing)

단계4 : 사업 실행을 위한 계획과 시스템 개발 (developing)

단계5 : 사업모형 실행을 통한 가치 창출 (deploying)

아울러 이러한 미션의 설정과 공유, 실행은 사람을 통해 이루어진다. 피터 드러커는 우수한 기업들의 인재경영 3요소를 재미, 감동, 유익에 두었다. 우선 좋은 인재를 유치하고 유지하려면 구성원들이 ① 신나고 즐거운(interesting) 일을 통해 재미를 느껴야 하고, ② 세상에 이롭고 의미 있는(meaningful) 것을 만들어낸다는 감동이 있어야 하고, ③ 적정하고 풍족한(valuable) 경제적 보상을 통해 유익을 주어야 한다. 이는 미션/비전 공유와 사업/사람 성장을 위한 경영을 통해 실현할 수 있다.

그렇지만 새로운 제품/기술이나 서비스, 비즈니스 모델을 만드는 혁신은 원래 인간의 본성에 비추어보면 힘든 일이고 저절로 일어나는 것이 아니다. 배종태(2018)는 혁신기업의 전제조건을 다음 7가지로 제시하였다.

- 구성원들이 긴급성과 위기의식, 절실함을 공유할 때
- 구성원들이 조직의 꿈과 비전을 공유하고 실현 의지가 있을 때
- 신생기술 발전이나 우수인력 등 문제 해결 대안이 있을 때
- 기업가가 전략적 의지와 기업가정신을 가지고 있을 때
- 구성원들에게 성공의 경험과 자신감이 있을 때
- 구성원들의 열성적 노력을 이끌어내는 동기와 자율성이 있을 때
- 구성원들이 해내려는 전략적 의지와 실행 능력이 있을 때

기업이 혁신을 추진하려면 이러한 조건을 조성하는 노력이 필요하다. 최고경영자의 가장 중요한 역할은 기업의 미션과 비전을 명확히 하고 구성원들에게 꿈을 주는 것이다. 그리고 구성원들과 함께 높은 목표에 도전하고, 이를 달성하고자 하는 긴급함과 절실함을 가질 때, 그리고 전략적 의지와 열성적 노력, 실행 능력이 지속적으로 성장하는 혁신기업으로의 여정을 성공적으로 이끌어간다. 혁신은 저절로 일어나지 않는다. 혁신기업으로의 길은 '혁신 여건의 조성'에서부터 출발해야 한다.

혁신기업 만들기

기업의 활동을 단순히 혁신 및 사업 활동을 수행하고, 그 결과로 이익을 창출하는 것만으로 보는 것은 기업에 대한 사회적 요구가 많아지는 최근 동향을 잘 반영하는 것으로 볼 수 없고, 지속성장하는 혁신기업의 여정으로는 미흡하다. 혁신기업 만들기의 과정은 ① 혁신 여건을 만드는 것에서 출발하여, ② 혁신 및 사업활동을 수행하고, ③ 그 결과로 경제적·사회적·문화적 가치를 창출하고, ④ 나아가 지속성장하는 사람성장 기업, 우량영속 기업, 꼼파니아 기업이 되는 것이다.

〈혁신기업 만들기〉

혁신 여건 (비전 공감)		혁신 수행 (성공 요인)		혁신 성과 (가치 창출)		사회 기여 (성공 기업)
• 비전 제시 • 기업가정신 • 기업 문화	⇨	• 혁신의 조건 　- 사람 성장 　- 사업 성장	⇨	• 경제적 가치 • 사회적 가치 • 문화적 가치	⇨	• 꼼파니아 기업 • 지속성장 기업 • 존경 받는 기업

혁신은 저절로 일어나지 않는다. 비전과 위기의식의 공유 등 혁신이 일어날 수 있는 여건(triggers of innovation)을 먼저 만들고, 빠른 기술 변화를 주시하면서 존속적 혁신과 파괴적 혁신 등 다양한 혁신 활동을 동시에 추구해야 한다.

혁신기업 성공요인의 8가지 키워드

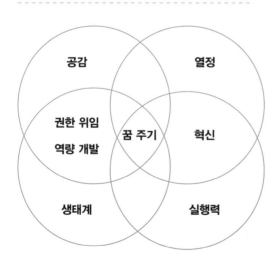

미국의 피터스와 워터만이 '초우량기업의 조건(In Search of Excellence)'을 제시하여 큰 반향을 일으켰다면, 이 책에서는 8가지 '존경받는 혁신기업의 성공조건(In Search of Excellence and Respect)'으로 8가지 성공요인을 도출하고, 각 성공요인의 키워드와 활동 지침도 제시한다.

〈존경받는 혁신기업의 8가지 성공요인과 키워드, 활동 지침〉

성공요인		키워드	활동 지침
사람 성장	공감	공감 고객지향 참여	구성원/고객과 공감하라. 고객의 니즈를 만족시키라.
	권한 위임	권한 위임 책임 자율성	권한을 위임하고, 자율성과 책임감을 가지게 하라. 조직을 단순화하게 설계하라.
	역량 개발	역량개발 문제해결 생산성	구성원들의 역량을 개발하라. 사람을 통해 생산성을 높여라.
	생태계 (협력)	생태계 협력/연계 핵심역량/사업	이해관계자들과 협력하고, 사회에 기여하라. 핵심사업에 집중하라.
사업 혁신	꿈 주기	미션/비전 공유 담대한 목표 글로벌 리더 지향	구성원에게 꿈을 주고 공유하라. 높은 목표를 설정하고, 글로벌 리더가 돼라.
	열정	긴급성/절실함 위험 감수 조직문화	긴급성/절실함을 인식하라. 위험 감수의 문화를 유지하라.
	혁신	혁신 열성적인 노력 기업가정신	혁신을 통해 성장하라. 조직이 기업가정신을 가지라.
	실행력	철저한 실행 전략적 의지 신속한 의사결정	빠르고 철저하게 실행하라. 탁월한 성과를 달성하라.

무엇이 혁신기업의 진정한 성공인가?
무엇을 해야 하는가?

혁신기업이 추구해야 할 진정한 성과는 무엇인가? 그리고 혁신기업의 성공을 무엇으로 판단해야 하는가? 그리고 이를 위해 최고경영자들은 어떠한 경영방식을 통해 성과를 만들어 갈 수 있는가? 최고경영자의 새로운 역할은 무엇인가? 이러한 새로운 변화에 부응하여 정부의 역할은 어떠해야 하는가? 혁신기업의 성공과 지속발전을 위해서는 답변해야 하는 많은 추가적인 질문들이 있다.

기업 성과의 유형과 측정

피터 드러커의 철학과 정신을 바탕으로 설립된 드러커연구소(The Drucker Institute)는 '기업경영 효과성'(corporate effectiveness)을 ① 고객 만족, ② 직원 참여 및 육성, ③ 혁신, ④ 사회적 책임, ⑤ 재무적 성과 등 5개 항목으로 나누고, 각 항목별로 7~8개씩 측정지표를 제시했다. 이 연구소는 이 모형을 바탕으로 매년 '올바른 경영'을 하는 미국 기업 250개(Top 250)를 선정해서 발표하고 있다. 지속성장을 추구하는 혁신기업들이 경영목표를 설정할 때, 드러커연구소의 5개 항목을 성과지표로 활용하는 것도 좋겠다.

한편 혁신기업은 시장과 사회의 제반 문제들을 파악하고 이를 혁신적 방법으로 해결함으로써 가치를 창출한다. 여기서 혁신기업이 창출하는 가치에는 ① 경제적 가치, ② 사회적 가치, ③ 문화적 가치가 포함된다. 이 가치들은 사업운영 성과, 사회기여 성과, 사람/문화 육성 성과를 반영하고 있다.

기업경영 시스템의 설계

기업이 목표를 달성하기 위해서는 기업 미션의 정립과 공유, 최고경영자의 리더십, 적합한 경영 시스템과 문화가 필요하다. 경영 시스템을 설계할 때에는 맥킨지가 제시한 7S 모형, 즉 ① 조직구조(structure), ② 전략(strategy), ③ 시스템(systems), ④ 경영 스타일(style of management), ⑤ 스킬(skills), ⑥ 인력(staff), 그리고 ⑦ 공유가치(shared values)를 바탕으로 실천전략을 모색할 수 있다.

존경받는 혁신기업 육성 모델

지속성장 혁신기업, 존경받는 혁신기업을 육성하기 위해서는 혁신기업의 핵심 성공요인들이 기업미션 공유와 리더십, 효과적인 기업경영 시스템을 통해 기업 성과로 연결되도록 해야 한다. 다음은 기업 사례들을 바탕으로 도출한 '존경받는 혁신기업 육성 모델'이다.

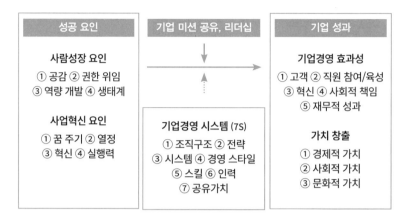

성공 요인	기업 미션 공유, 리더십	기업 성과
사람성장 요인 ① 공감 ② 권한 위임 ③ 역량 개발 ④ 생태계 **사업혁신 요인** ① 꿈 주기 ② 열정 ③ 혁신 ④ 실행력	**기업경영 시스템 (7S)** ① 조직구조 ② 전략 ③ 시스템 ④ 경영 스타일 ⑤ 스킬 ⑥ 인력 ⑦ 공유가치	**기업경영 효과성** ① 고객 ② 직원 참여/육성 ③ 혁신 ④ 사회적 책임 ⑤ 재무적 성과 **가치 창출** ① 경제적 가치 ② 사회적 가치 ③ 문화적 가치

꼼파니아가 기업이다

이 책에서는 한국의 혁신기업 사례 분석과 피터 드러커의 경영 사상을 바탕으로 존경받는 혁신기업 모델을 제시하였다. 이러한 기업들을 꼼파니아 학교에서는 '꼼파니아 기업'이라고 부른다. 꼼파니아 기업이란 무엇이고, 꼼파니아 기업이 되려면 무엇을 어떻게 해야 하는가?

기업은 영어로는 'company'이고 스페인어로는 'compañía'이다. '함께(com) 빵(pan)을 만들고 나눠먹는(ia) 사람들의 공동체'이다. 따라서 꼼파니아 기업은 '비전을 함께 공유하는 구성원들이 이해관계자들과 공감하면서 사람을 육성하고 사업을 성장시켜 사회에 기여하는 기업'이라고 볼 수 있다.

그러니 꼼파니아 경영이란 '꼼파니아 정신을 바탕으로 고객 및 사회의 문제해결을 위해 구성원들의 참여와 역량을 바탕으로 경쟁력 있는 사업을 개발하고 성장시키는 경영방식'이라고 할 수 있겠다.

우리나라 기업들은 급격한 국내외 환경 변화 속에서 단기적인 사업 여건에 대응하면서 지속적인 성장을 추구해야 하는 기로에 서 있다. 꼼파니아 기업은 존경받는 탁월한 기업을 추구(In Search of Excellence and Respect)한다. 꼼파니아 기업이 되려면 다음과 같은 근본적이고 전략적인 노력이 필요하다.

첫째, 과거의 성장주도형 공식에서 벗어나 시대정신에 맞는 새로운 성공 방식을 찾아야 한다. 압축 성장으로 요약되는 과거의 성장방식은 더 이상 유효하지 않다. 성장 기업을 넘어 진정한 성공 기업으로 발전하려면 더 필요한 것이 있다. 이러한 노력의 출발점은 기업 미션(꿈)의 정립이고, 조직 구성원들의 공유와 공감이다. 이러한 바탕 위에서 혁신과 가치 창출을 추구하라. [Mission & Empathy]

둘째, 혁신을 위한 새로운 접근 방법을 모색하라. 이제는 답이 나와 있는 문제들을 모방을 통해 해결하는 방식으로는 지속성장을 하기 어렵다. 새로운 시도로 작은 성공과 실패를 축적하면서 지속적으로 변화를 추구하는 기업가정신과 기업가형 경영방식을 도입해야 한다. 이제는 기업경영이 일방적인 하향식 방식이 아닌 조직구성원들의 적극적인 참여와 기여를 통한 상향식 방식이 더욱 중요해졌다. [Entrepreneurship & Engagement]

셋째, 지속성장하고 존경받는 혁신기업이 되려면, '생산성'과 '창의성'이라는 두 마리 토끼와 '진정성'이라는 한 마리 거북이를 동시에 잡아야 한다. 혁신기업 경쟁력의 기반은 높은 생산성에서 나오고, 새로운 기회를 끊임없이 찾고 혁신적 방안을 모색하여 지속성장하는 원동력은 창의성이다. 그리고 이해관계자들과 사회로부터 존경받는 기업이 되려면 기업의 진정성을 인정받아야 한다. 즉 경영의 핵심 프로세스를 잘 설계하고 조직 구성원들이 각자의 일을 주도적으로 추진하여 생산성을 높이고, 새로운 관점에서 문제를 보고 다양한 신호에 귀 기울이며 일을 즐기는 과정을 통해 창의성을 키우고, 이해관계자들과의 소통과 공감, 사랑을 통해 진정성을 유지해야 한다. [Productivity, Creativity and Authenticity]

마지막으로 존경받는 혁신기업은 다양한 가치를 창출한다. 사업 활동을 통해 이익 창출이라는 기업 본연의 '경제적 가치'를 창출하는 것은 기본이고, 아울러 조직 구성원, 즉 사람을 배려하고 육성하여 창의와 혁신을 키우고 일하고 싶은 일터를 만들어 '사람의 가치, 문화적 가치'를 높여야 한다. 나아가 기업의 자원과 역량을 바탕으로 사회 문제의 해결을 위해 노력하여야 사업과 사람의 성장, 사회의 발전을 함께 추구하는 존경받는 기업이 될 수 있다. [Business, People, and Society]

존경받는 혁신기업, 지속성장하는 일하고 싶은 기업, 사회에 기여하는 가치창출 기업이 되는 길은 새로운 생각과 태도에 기반한 생각의 힘, 조직 구성원의 적극적인 참여와 기여를 바탕으로 다양한 방법을 활용하는 혁신의 힘, 그리고 이를 기업 전략과 경영 시스템, 문화를 바탕으로 실현하는 실행의 힘을 키우는 것이다. 아직 우리나라에서 존경받는 혁신기업, 혁신과 소통, 나눔이 함께 가는 진정한 성공기업이 많지는 않지만, 앞으로 더 많은 기업들이 꼼파니아 기업을 기업의 미션으로 삼아, 꿈과 공감을 바탕으로 새로운 가치를 창조하는 노력을 한다면 더 멋진 한국의 기업 생태계를 만드는데 크게 도움이 될 것이다. 꿈이 있는 기업, 공감하는 기업, 꼼파니아 기업이 우리가 추구해야 할 미래이다.

일하고 싶고 존경받는 혁신기업이 되기 위해 떠나는 여정. 이제 실천이 필요한 때이다. 먼저 조직의 미션을 다시 생각해보고, 여러분의 조직에 꿈꾸기를 새롭게 하라. 공감이 있는 조직문화 만들기에 도전해 보라. 그러면 여러분의 조직에서, '사람'의 아이디어가 '사업' 혁신의 원천이 될 것이다.

꿈이 있는 기업, 공감하는 기업에서 꽃피는 이토록 아름다운 혁신. 꼼파니아의 정신으로 도전해보기를 권한다.

측정의 실제:
우리 회사의 혁신잠재점수는
몇 점일까?

당신은 기업가형인가? 관리자형인가?

당신은 기업가형(Entrepreneurial) 직원인가? 관리자형(Administrative) 직원인가? 당신은 플랫폼을 경영하고 있는가? 동물원을 관리하고 있는가? 이것을 판단하는 문진표가 있다. 바로 3간(공간, 시간, 인간)에 기초한 문진표다.

1. 공간차원(경계):
닫힌 동물원(Border)인가? 열린 플랫폼인가?

동물원에서 태어나고 자란 동물은 야생에 적응하기 어렵다. 동물원 밖으로 나서는 순간 죽음을 맞이하기 쉽다. 기업도 이와 같다. 오늘날은 열린 플랫폼에서 생존경쟁을 하는 시대다. 동물원처럼 닫힌 시스템을 고집하면 생태계에서 도태되고 만다.

문진 1 당신은 경계(Border)를 지키고자 합니까? 업계와 국경을 넘나들고자(Borderless) 합니까?

문진 2 인사관리에 있어서 인맥과 의리를 강조하는가? 인사를 넓게 개방하는 편인가? 이너서클을 강조할수록 관리자형일 확률이 높다. 한국 윤리경영의 적은 의리라는 말이 있을 정도다.

문진 3 당신은 현재의 지위와 권위를 적극적으로 활용하는가? 아니면 부하에게 권한을 위임하는가? 현재의 지위를 활용한 지대추구(rent seeking) 행동은 관리자의 전형적인 행동이다.

2. 시간차원(지평):

현재 지키기형인가? 미래 도전형인가?

현재를 지키려는 활동적 관성(Active Inertia)은 현재의 저주(Curse of Incumbency)에 직면하게 한다.

문진 4 현재 업무와 돈 관리에만 열중하는가? 미래를 위한 의사결정에 적극적으로 참여하는가? 미래결정에 소극적이면 보신주의형 관리자이고, 미래 가치창출(value creation)에 적극적이면 기업가형이다.

문진 5 예산/부서관리에 관심이 많은가? 시장관리/신제품개발에 관심이 많은가?

문진 6 현재를 지키는 것이 더 중요하다고 생각하는가? 현재를 변화시키는 것이 더 중요하다고 생각하는가?

3. 인간차원(Dreaming/Empathizing):

가치창출(value creation)을 위해 투쟁하는가?

직원의 아이디어/몰입을 끌어내면 기업의 성과를 높일 수 있다.

문진 7 기업은 직원에게 빵(돈)을 주는 곳인가? 꿈을 주는 곳인가? 빵을 주기 위해 현재의 수익을 강조하면 관리자형이고, 꿈을 주고자 하면(Dreamer) 기업가형이다.

문진 8 기업의 미래를 위해 장비에 투자하는 하는가? 사람에 투자하는가?

문진 9 직원은 비용인가? 혁신과 아이디어의 원천인가?

※ 당신은 어떤 유형의 경영자인가?

9개 문항 중, 앞의 질문에 6개 이상 해당하면 관리자형 경영자(The Administrative Manager, TAM)일 가능성이 높다. 관리자형 경영자가 주도하는 기업은 다음과 같은 문제점이 있다.

첫째, 관리자형 지도자가 주도하는 기업의 연구소에서는 연구개발을 해도 신제품 개발 성공으로는 잘 연결되지 않는다. 관리자형 경영자는 신기술, 신제품 개발로 미래 시장에 도전하기보다는 기존 시장을 지키려고 애쓰기 때문이다. 이것이 연구개발 패러독스 신드롬이다.

둘째, 관리자형 지도자가 주도하는 기업의 생산은 사람이 아니라 장비에 의존한다. 직원은 단지 비용요소일 뿐이다. 그래서 사람에 대해서는 상시 구조조정을 시도하는 경향이 있다.

셋째, 관리자형 지도자가 주도하는 기업에서는 저가영업만 있지, 고객별 맞춤형 밀착 영업은 찾아보기 어렵다. 주인의식이 없는 사원에게 꿈을 가지고 설득하고, 미래고객을 찾아다니는 노력을 기대할 수 없기 때문이다. 그래서 늘 저가영업만 하고, 이로 인해 거래가 끊길 확률이 높아 영업비용이 올라간다.

넷째, 관리자형 지도자가 주도하는 기업에서는 마케팅-생산-연구개발부서(MPR) 간 갈등이 심하다. 그리고 미래 환경변화에 선제적, 주도적으로 대처하기 어렵다. 직원이 조직의 발전이 나의 발전이라는 주인의식을 가지지 못하기 때문이다.

다섯째, 현재의 지위와 권위를 너무 강하게 활용하는 관리자형 지도자가 있는 기업은 갑질을 했다는 비난과 소문으로 조직이 흔들리고, 직원의 업무몰입도가 낮아진다. 기업의 생산성이 떨어지는 것은 물론이다.

▌당신 회사의 직원은 혁신의 준비가 되어 있는가?

최고의 혁신기업을 만들고 싶은가? 직원이 일하고 싶은 회사를 만들면 된다. 혁신을 원하면 사람중심 기업이 되어야 한다. 다음 3가지 질문에 답해보자.

질문 1 직원 출근율이 몇 %인가? 특히, 몸과 마음이 함께 출근하는 직원의 비율은 몇 %인가?

2013년, 갤럽이 세계 142개국을 대상으로 조사한 바에 따르면 한국 기업의 직원 중 열정과 소속감을 가지고 혁신을 주도하는 고몰입/혁신주도형 직원의 비율은 11%에 불과하다. 이는 142개국 평균인 13%에도 못 미치는 수준이다. 이 비율이 20% 이상은 되어야 한다. 또한 국내 기업의 직원 중 기업에 불평하며 업무를 게을리하는 직원 비율이 23%에 이르고 있다. 당신 회사도 직원의 23%가 다른 직원에게 회사를 불평하며 문제를 일으키고 있을 것이다.

질문 2 당신은 몸도 마음도 출근하는 Proactive 혁신자를 보호하는 데 에너지를 많이 투입하는가? 아니면 몸만 출근하는 Reactive를 관리하는 데 에너지를 많이 사용하는가?

당신의 회사는 23%의 불평사원 관리에 초점을 두는가? 아니면 11%의 혁신자를 육성하는 데 초점을 두는가? 몸도 마음도 출근하는 혁신자가 안정적으로 보호받으면, 이들은 에너지를 혁신에 투입한다. 내부에서 보호받지 못하면 직원이 위험을 감수할 수가 없다. 반면 불평이 많은 직원을 관리하지 못하면, (노사)분쟁요소가 많아진다. 당신의 회사는 어느 쪽인가? 혁신자 육성에 초점을 두는 기업일수록 혁신이 지속해서 일어난다.

질문3 당신의 회사는 혁신활동에 적극적으로 참여하는 혁신자가 안정적으로 업무에 전념할 수 있도록 보호해주고 있는가? (사람중심 혁신환경을 갖추고 있는가?)

당신의 기업에서 혁신을 주도하고 있는 직원은 기업이 믿는 꿈을 함께 꾸는 직원이다. 기업가는 이들이 계속 도전하게 해줘야 한다. 이들이 안정성을 느끼지 못하면 외부에 과감하게 도전하지 못한다.

일하고 싶은 기업 만들기

본 조사는 직원이 일하고 싶은 직장 만들기의 일환으로 만들어진 지수(Workplace that Wants to Work, WWW Index)다.
각 항목별 기업 문화 특성을 생각나는 대로 응답하면 된다.
50문항 응답에 7분 정도 소요된다.[15]

아시아 기업가정신연구원
(Asia Entrepreneurship Research Institute,AERI)
연구원: 김기찬, 배종태, 이종재

* 귀사가 근무하는 회사명은? (　　　　　　　　　)

1. 회사의 비전/미션 및 경영자의 의지

〈회사 및 경영자의 꿈과 비전(Envisioning)〉

01. 우리 회사는 미래에 대한 확고한 비전과 꿈을 가지고 있다. (예 아니오)

02. 우리 회사는 직원과 비전, 목표를 적극적으로 공유한다. (예 아니오)

03. 우리 회사는 비전을 실천할 구체적인 계획과 프로그램을 가지고 있다. (예 아니오)

04. 지난 3년간 우리 회사 활동의 90% 이상은 회사 비전에 부합했다. (예 아니오)

05. 우리 회사는 새로운 사업기회를 발견하기 위해 적극적으로 노력한다. (예 아니오)

〈최고경영자의 정신(Spirits)〉

06. 우리 회사 최고경영자는 철학을 가지고 회사의 비전과 꿈을 실천하고 있다. (예 아니오)

07. 우리 회사 최고경영자는 업무에서 기업가적 혁신 의지를 가지고 있다. (예 아니오)

08. 우리 회사 최고경영자는 직원과 소통을 잘하는 편이다. (예 아니오)

---

15) 다음 사이트에서 설문에 응답하면 점수를 받아볼 수 있다.
https://ko.surveymonkey.com/r/75MG79G

09. 경영자가 직원 불만이나 관련 정보를 들을 기회를 제도적으로 가지고 있다. (예 아니오)

10. 우리 회사는 후계 경영자 양성 프로그램이 잘 진행되고 있는 편이다. (예 아니오)

2. 직원-회사 간 비전/가치 공감 및 공정성

〈비전 공감(Empathy)〉

11. 직원은 우리 회사의 비전과 꿈을 알고 있고 실천할 의지가 있다. (예 아니오)

12. 우리 회사는 직원의 성과가 곧 회사의 성과라는 인식을 공유하고 있다. (예 아니오)

13. 우리 회사의 직원은 최고경영진을 신뢰한다. (예 아니오)

14. 우리 회사의 기업 문화와 경영이념에 공감해서 입사한 직원이 많다. (예 아니오)

15. 우리 직원은 후배나 친구에게 자사 입사를 적극적으로 권유한다. (예 아니오)

〈업무공정성(Equity)〉

16. 우리 회사는 직급과 관계없이 모든 직원에게 공정하게 역량을 개발할
    기회를 제공한다. (예 아니오)

17. 우리 회사는 나이, 성별, 학연 등과 관계없이 인사가 공정하게 이루어지는
    편이다. (예 아니오)

18. 직원의 평가 및 승진에 대한 기준이 공정하게 적용되는 편이다. (예 아니오)

19. 우리 회사는 직원의 기여도에 상응하는 공정한 보상을 한다. (예 아니오)

20. 직원의 유급휴가 사용이 자유로운 편이다. (예 아니오)

3. 직원 권한부여 및 육성훈련

〈권한부여(Empowerment)〉

21. 우리 회사는 직원이 적절한 책임과 권한을 가지고 업무 의사결정을 하도록
    한다. (예 아니오)

22. 우리 회사는 업무수행방식(방식/노력/속도/기간)에 있어 직원에게 자율성을
    보장한다. (예 아니오)

23. 우리 회사는 직원이 업무개선을 위한 아이디어를 제안하는 것을 권장한다. (예 아니오)

24. 우리 회사는 열정을 가진 직원의 새로운 도전을 장려한다. (예 아니오)

25. 우리 회사는 부서 간 협업을 가능하게 하는 조직구조를 갖추고 있다. (예 아니오)

〈직원육성 및 교육훈련(Enablement)〉

26. 우리 회사는 직원이 필요한 지식과 스킬을 개발하도록 역량개발프로그램을
    제공한다. (예 아니오)

27. 우리 회사는 새로이 직책을 맡은 직원에게 그에 맞는 훈련을 지원한다. (예 아니오)

28. 직원에 대한 교육 및 교육훈련에 대한 회사의 지원은 잘 이루지는 편이다. (예 아니오)

29. 직원의 자격 취득이나 지원제도가 잘 갖추어져 있다. (예 아니오)

30. 관리직의 평가는 부하를 육성했는가, 아닌가가 중요하다. (예 아니오)

4. 직원복리후생 및 생태계 상생

〈복리후생 및 고용관계(Workfare)〉

31. 우리 회사는 직원의 행복을 위해 노력하고 있다. (예 아니오)

32. 출산이나 육아 등 복리 후생지원제도가 좋은 편이다. (예 아니오)

33. 지난 3년간 직원에 대한 인위적인 구조조정을 하지 않았다. (예 아니오)

34. 지난 3년간 정규직원의 이직률은 3% 이하이다. (예 아니오)

35. 지난 3년간 중대한 노동재해가 발생하지 않았다. (예 아니오)

〈생태계(Ecosystem): 협력업체 및 외부관계〉

36. 우리 회사는 협력업체의 성장과 행복을 위해 노력하고 있다. (예 아니오)

37. 우리 회사는 지난 3년간 구매처나 협력기업에 대해 일방적 단가 삭감을 하지
    않았다. (예 아니오)

38. 우리 회사의 거래처 70% 이상이 우리 기업과의 거래에서 흑자를 내고 있다. (예 아니오)

39. 지난 3년간, 협력업체와 향후 거래 제품에 대해 효과적으로 소통하고 있는
    편이다. (예 아니오)

40. 우리 회사는 거래처나 협력기업에 접대를 요구하지 않는다. (예 아니오)

5. 직원 참여, 기업성과 및 혁신활동

〈직원 몰입 및 참여(Engagement)〉

41. 우리 회사 직원의 몇 퍼센트가 회사의 혁신과 성장에 적극적으로 참여하고 있습니까? (예 아니오)

42. 회사 업무에서 당신의 능력을 몇 % 활용하고 있다고 생각하십니까? (%)

43. 우리 회사 직원의 50% 이상은 우리 회사와 자신의 업무에 대해 자부심을 가지고 있다. (예 아니오)

44. 우리 회사 직원의 만족도는 동종 산업 경쟁사와 비교해서 높은 편이다. (예 아니오)

45. 우리 회사 대부분의 직원은 회사 발전을 위해 노력하는 편이다. (예 아니오)

〈기업성과 및 혁신활동(Excellency) 〉

46. 최근 3년간 우리 회사는 신규고객이 늘어나는 편이다. (예 아니오)

47. 지난 3년간 우리 제품에 대한 고객의 재구매 의사는 60% 이상이다. (예 아니오)

48. 우리 회사 전체 매출액에서 최근 3년간 새로 개발된 신기술 혹은 신제품에 의한 매출비중이 30% 이상을 차지한다. (예 아니오)

49. 지난 5년간 우리 회사의 매출액 영업이익률이 5% 이상이다. (예 아니오)

50. 우리 회사는 단기적인 경영성과보다 장기적인 지속성장을 중시하는 편이다. (예 아니오)

6. 당신의 고용관계는?

1. 당신은 이 회사에 몇 년 근무하셨나요? (   )년

2. 당신의 회사 내 직급은? **1. 직원 2. 임원 3. CEO/기업가/최고경영자**

3. 당신의 성별은? **1. 여성 2. 남성**

일하고 싶은 회사와 기업성과와의 상관관계

일하고 싶은 기업의 점수가 높을수록 기업의 영업이익률과 경영성과가 높은 것을 알 수 있다. 한편, 직원과 임원 간 점수 차이(스트레스 지수)가 클수록 상급자에 의한 지시와 통제가 많은 기업일 가능성이 높다. 다음은 설문조사와 기업경영성과를 분석한 표이다.[16]

〈일하고 싶은 기업 점수와 경영성과의 관계〉

	회사	공감지수	신뢰지수	자부심	즐거움	혁신성과	경영성과 (매출액영업이익율)
일하고 싶은 점수가 높은 기업	회사1	7.00	7.00	7.00	7.00	6.71	평균 12%- 20% 미만
	회사2	6.67	6.00	6.00	6.00	4.86	평균 12%- 21% 미만
	회사3	7.00	7.00	7.00	7.00	7.00	평균 12%- 22% 미만
보통	회사4	4.00	5.00	2.00	2.00	5.29	평균 5%-8% 미만
	회사5	3.33	4.00	2.00	2.00	2.29	평균8%-12% 미만
	회사6	3.33	2.00	3.00	3.00	3.29	평균8%-13% 미만
일하고 싶는 점수가 낮은 기업	회사7	2.00	2.00	2.00	2.00	1.57	평균 0%-2% 미만
	회사8	2.33	4.00	4.00	5.00	3.00	적자
	회사9	2.33	2.00	2.00	2.00	2.71	평균 0%-2% 미만

〈직원과 임원 간 점수 차와 스트레스 지수〉

당신의 회사내 직급은?	Compania Score	회사공헌점수	NetCom Score	NetCap Score	순회사 공헌점수	몰입도	능력 발휘도
직원	77.54	6.52	-0.38	0.21	-0.17	5.73	7.31
임원	86.00	6.33	-0.67	0.33	-0.33	5.00	7.67
전체	78.04	6.51	-0.39	0.22	-0.18	5.69	7.33
스트레스지수	8.46	-0.19	-0.29	0.13	-0.17	-0.73	0.35

---

16) 보다 구체적인 내용은 〈사람중심 기업가정신〉에 관한 논문을 참조하시기 바랍니다.

꼼파니아 학교 소개

설립 취지

기업이란 무엇입니까? 영어로 'Company', 스페인어로는 'Compañía'입니다. 이 단어는 중세 라틴어에서 유래했습니다. 'com(함께)'+'pane(빵)'+'ia(먹는 것)'이 결합된 단어입니다. 중세시대에 군인들이 같이 행군하며 빵을 함께 먹는 것에서 유래되었다고 합니다. 단어에 내포된 의미처럼 기업은 함께 빵을 만들고 나눠먹는 사람들의 공동체입니다. 기업은 사람의 열정과 노력으로 성장하고 유지됩니다. 이러한 생각을 실천하고자 만든 것이 꼼파니아학교입니다.

꼼파니아학교는 '돈은 최소한으로, 공부와 일은 나이에 관계없이 최대한으로' 하는 것이 목표입니다. 꼼파니아학교를 통해 창업이 활성화되고, 서로 도움을 주는 생태계가 만들어졌으면 하는 바람입니다.

교훈

우리는 배우고, 서로 격려하며, 함께 사람중심의 지도자의 길을 걸어가는 개척자 (Trailblazer)가 되고자 한다.

1. Company(사람)이 Company(회사)를 만든다.
2. Good Company(좋은 회사)는 Good Company(좋은 사람)을 만든다.
   Good Company(좋은 사람)이 Good Company(좋은 회사)를 만든다.

꼼파니아 학교는?

'노동이 없는 부'는 사회와 사람을 망칩니다. 최고의 복지는 평생 일할 수 있는 기회를 주는 것입니다. 나의 장점과 타인의 장점이 만나면 '평생직장'이 됩니다.

꼼파니아 학교는 '돈은 최소한으로 공부는 최대한으로 일은 나이에 관계없이 최대한으로 하는 것이 목표'입니다. 그래서 모두 창업하고 서로 도와주는 생태계를 지향하고 있습니다.

꼼파니아 학교의 목표는?

여러분을 고수로 만들고 공부하는 모임입니다. 고수와 고수를 모으면 저절로 최고의 학습공동체가 됩니다. 그래서 꼼파니아 학교에서는 평생 공부할 수 있고, 평생 일할 수 있는 가장 비용이 적게 드는 학습공동체가 되고자 합니다.

꼼파니아 학교 과정 소개

꼼파니아 학교 1기
| 개강: 2018년 10월 11일(목)
| '꼼파니아가 기업이다'를 주제로
| 총 15강

꼼파니아 학교 2기
| 개강: 2019년 2월 21일(목)
| '무엇이 최고의 혁신기업을 만드는가'
| 를 주제로 총 15강

꼼파니아 학교 3기(예정)
| 개강: 2019년 8월 29일(목)
| '피터 드러커 과정'를 주제로
| 총 15강

꼼파니아 학교 4기(예정)
| 미니 MBA 과정

꼼파니아 학교 5기(예정)
| 마케팅 3.0, 4.0 과정

꼼파니아 학교 홈페이지
www.compania.or.kr

참고 문헌

이나모리 가즈오, 김지영 역, 《왜 사업하는가》, 다산북스, 2017.

이나모리 가즈오, 김형철 역, 《카르마 경영》, 서돌, 2005.

이나모리 가즈오, 신정길 역, 《왜 일을 하는가?》, 서돌, 2010.

이나모리 가즈오, 양준호 역, 《생각의 힘》, 한국경제신문, 2018.

짐 콜린스, 이무열 역, 《좋은 기업을 넘어 위대한 기업으로》, 김영사, 2002.

짐 콜린스, 제리 포라스, 워튼 포럼 역, 《성공하는 기업들의 8가지 습관》, 김영사, 2002.

피터 F. 드러커, 프랜시스 헤셀바인, 조안 스나이더 컬, 유정식 역, 《피터 드러커의 최고의 질문》, 다산북스, 2017.

황철주, "벤처 기업가 정신 존중해야 경제 활력 돈다", 전자신문, 2019.

Ackman, Dan, Excellence Sought-And Found, Forbes, 2002.

Berman,Alison E.(2016), The Motivating Power of a Massive Transformative Purpose, Nov 08, 2016, https://singularityhub.com/2016/11/08/the-motivating-power-of-a-massive-transformative-purpose/#sm.001qx5k671bboensqzz2avbbzl8oq

Boone, L. E., & Kurtz, D. L., Contemporary Business, John Wiley & Sons, 2011.

Boone, L.E. and Kurtz, D., management is the process of achieving organizational objectives through people and other resources, 2011.

Chen, Ming-Huei, Entrepreneurial Leadership and New Ventures: Creativity in Entrepreneurial Teams,Creativity and Innovation Management,Volume16, Issue3, 2007.

Coase, R. H., The Nature of the Firm, Economica, 1937.

Covin, Jeffrey G., William J. Wales, The Measurement of Entrepreneurial Orientation, Entrepreneurship Theory and Practice, Vol 36, Issue 4, 2012.

Craig, Justin, Noel J. Lindsay, "Incorporating the family dynamic into the entrepreneurship process", Journal of Small Business and Enterprise Development, Vol. 9 Issue: 4, 416-430, 2002.

Drucker, P. F., Innovation and Entrepreneurship, New York: Harper & Row, 1986.

Drucker, P. F., Management Challenges for the 21st Century. New York City, NY, USA: 2007.

Drucker, P. F., The Concept of the Corporation. New York: John Day, 1946.

Drucker, P. F., The customer is the business. In P. F. Drucker (Ed.), Managing for Results, 110-131, London: Heinemann, 1964.

Drucker, P. F., The Practice of Management, Harper and Row, 6th ed, 1976.

Drucker, P. F., The Practice of Management. New York: Harper & Row, 1954.

Drucker. P. F,. The Theory of the Business, Harvard Business Review, September-October, 95-104, 1994b.

Drucker. P. F., 7he Essential Drucker. New York: HarperCollins, 2001.

Drucker. P. F., Management: revised edition. New York: HarperCollins, 2008.

Drucker. P. F., The Age of Discontinuity: Guidelines to our Changing Economy. New York: Harper & Row, 1968.

Drucker. P. F., The Daily Drucker. New York: HarperCollins, 2004.

Drucker. P. F., The Effective Executive (Classic Drucker Collection), Routledge; 1 edition, 2007.

Drucker. P. F., The Information Executives Truly Need. Harvard Business Review, January-February, 54-63, 1994a.

Kahneman, D., & Tversky, A. (Eds.), Choices, values and frames. New York: Cambridge University Press, 2000.

Kamm, Judith B., Jeffrey C. Shuman, John A. Seeger, Aaron J. Nurick, Entrepreneurial Teams in New Venture Creation: A Research Agenda, Entrepreneurship Theory and Practice Volume: 14 issue: 4, page(s): 7-17 Issue published: July 1, 1990.

Karlgaard, Rich, Malone, Michael S., Parks, Tom, Team Genius : The New Science of High-performing Organizations, HarperCollins, 2015.

Kellett, Janet B., Ronald H Humphrey, Randall G. Sleeth, Empathy and complex task performance: two routes to leadership,The Leadership Quarterly,Volume 13, Issue 5, October 2002, 523-544. 2002.

Ki-Chan Kim, Ayman El Tarabishy, Zong-Tae Bae, Humane Entrepreneurship: How Focusing On People Can Drive A New Era of Wealth and Quality Job Creation in a Sustainable World, Journal of Small Business Management, 2018.

Kim, K.-C., Bae, Z.-T., Park, J.-H., Song, C.-S., and Kang, M. S., Flourishing enterprises with humane entrepreneurship: Theory and practice. ICSB 2016 World Conference, New York, United States, 2016.

Linsu Kim, Crisis Construction and Organizational Learning: Capability Building in Catching-up at Hyundai Motor, Organization Science, 1998.

Sisodia, Rajendra, David Wolfe, Jagdish N. Sheth, Firms of Endearment: How World-Class Companies Profit from Passion and Purpose, Wharton School Pub., 2007.

Stevenson, Howard H., "A Perspective on Entrepreneurship." In The Entrepreneurial Venture, eds. William A. Sahlman, Howard H. Stevenson, Michael J. Roberts, and Amar Bhidé, 7-22. Boston: Harvard Business School Press, 1999.

Timmons, J.A. & Spinelli, S., New Venture Creation: Entrepreneurship for the 21st Century (7th ed.), New York, USA. Irwin-McGraw Hill. 2007.

이토록 신나는 혁신이라니

2019년 8월 8일 1쇄 발행
2019년 8월 15일 2쇄 발행

지은이 | 김기찬 배종태 임일 성명기 임병훈 박란 김병구 김희태
펴낸이 | 이병일
펴낸곳 | 더메이커
전 화 | 031-973-8302
팩 스 | 0504-178-8302
이메일 | tmakerpub@hanmail.net
등 록 | 제 2015-000148호(2015년 7월 15일)

ISBN | 979-11- 87809-29-6 (03320)
ⓒ 김기찬 외 7인, 2019

「이도서의국립중앙도서관출판예정도서목록(CIP)은서지정보유통지원시스템홈페이지
(http://seoji.nl.go.kr)와국가자료공동목록시스템(http://www.nl.go.kr/kolisnet)에서
이용하실수있습니다. (CIP제어번호: CIP2019026744)」